高等职业教育学前教育专业"理实一体化"立体教材

# 幼儿教师说课、模拟授课与微型课实训教程

主　编：邓晓玲　蔡旺庆

副主编：曹素琴　刘　丹　陈东吉　陈　蕾
　　　　于　挥　陈　婕　李庆霞　申晓梅
　　　　许秀静　耿　玥　陈莉萍　沈　芬

参　编：张　丽　蔡立秀　成亚娟　艾环环

南京大学出版社

**图书在版编目(CIP)数据**

幼儿教师说课、模拟授课与微型课实训教程 / 邓晓
玲，蔡旺庆主编. -- 南京：南京大学出版社，2024.5(2025.8 重印)
ISBN 978 - 7 - 305 - 28088 - 7

Ⅰ. ①幼… Ⅱ. ①邓… ②蔡… Ⅲ. ①幼儿园—课程
改革—研究 Ⅳ. ①G612

中国国家版本馆 CIP 数据核字(2024)第 103488 号

出版发行　南京大学出版社
社　　址　南京市汉口路 22 号　　　邮　编　210093
书　　名　**幼儿教师说课、模拟授课与微型课实训教程**
　　　　　YOUER JIAOSHI SHUOKE、MONI SHOUKE YU WEIXINGKE SHIXUN JIAOCHENG
主　　编　邓晓玲　蔡旺庆
责任编辑　丁　群　　　　　　　　编辑热线　025 - 83597482
照　　排　南京南琳图文制作有限公司
印　　刷　南京京新印刷有限公司
开　　本　787 mm×1092 mm　1/16　印张 11.75　字数 271 千
版　　次　2024 年 5 月第 1 版　2025 年 8 月第 2 次印刷
ISBN 978 - 7 - 305 - 28088 - 7
定　　价　46.00 元

网址：http://www.njupco.com
官方微博：http://weibo.com/njupco
微信服务号：NJUyuexue
销售咨询热线：(025) 83594756

# 序

　　党的二十大报告明确指出：教育、科技、人才是全面建设中国式现代化的基础性、战略性支撑。必须坚持科技是第一生产力，人才是第一资源，创新是第一动力，深入实施科教兴国战略、人才强国战略、创新驱动发展战略，开辟发展新领域新赛道，不断塑造发展新动能新优势。

　　学前教育是国民教育体系的重要组成部分，是基础教育的基础，关系着学龄前儿童身心健康和终身发展。随着《幼儿园教育指导纲要（试行）》（以下简称《纲要》）和《3—6岁儿童学习与发展指南》（以下简称《指南》）的陆续颁布，以及江苏省幼儿园课程游戏化项目的长期实施，现如今幼儿园课程发生了根本性的改变，逐渐从单一、封闭的课程模式走向多元、开放的课程模式；从重结果转向从幼儿实际出发，不断转变观念，在学习和实践中探索切实以幼儿为本的，真正适合幼儿实际的课程等。特别是《幼儿园教师专业标准（试行）》的颁布，进一步引导幼儿园教师以及教师教育走向更加规范化、专业化以及高质量的发展方向。

　　说课、模拟授课以及微型课是促进教师教学经验交流、教学方法探讨、教学艺术展示、教学成果汇报、教育观念更新以及教学水平提高的重要途径和主要手段。同时也是师范院校学前专业教师、比赛专家评委、招聘单位以及幼儿园领导，了解和掌握学前专业学生的专业掌握情况、幼儿园教师教育教学情况以及学生学习态度、幼儿园教师工作态度和师范院校教学效果的有效方式。提高幼儿园教师以及学前教育师范生的说课、模拟授课以及微型课的理论知识和技能，是提高幼儿园教师素质，实现教师专业化的重要途径，是幼儿园教师和学前教育专业师范生培训的重要内容。

　　基于上述原因，编者组织编写了《幼儿教师说课、模拟授课与微型课实训教程》一书，在编写中，本书秉持为一线教师、在读学前教育师范生服务的宗旨，密切联系并反映当前幼儿园课程改革过程中出现的最新情况，对幼儿园教师及学前教育专业师范生的"说课、模拟授课与微型课"进行了详细的理论描述以及案例支撑，切实站在幼儿园教师以及学前教育专业师范生的角度，指导其提高自己的说课、模拟授课、微型课技能水平。希望能帮助幼儿园教师以及师范院校学前教育专业的学生认识、理解、掌握说课、模拟授课以及微型课，不断训练教学技能，增强专业本领，提高职业竞争力。

　　本书共分为上篇、中篇、下篇，分别为：上篇"说课"、中篇"模拟授课"、下篇"微型

课",各篇章由理论和案例两大部分组成,对说课、模拟授课以及微型课进行了全方位的分析与阐述。本书的编写特点如下:

### 1. 理论与实践相结合

本书根据学习者的特点,切实做到理论与实践相结合。通过各年龄班五大领域说课、模拟授课及微型课的具体文字案例和视频案例,使学习者从生动的案例材料中学习相关知识,从现实的案例入手,避免单调的理论说教,增强了学习的趣味性,促进学习者对说课、模拟授课及微型课内容的深入理解与把握,提高学习效果。

### 2. 文本与数字相结合

在本书编写的过程中,编者力求避免单纯的理论阐述,充分体现以学习者为中心的思想,立足幼儿园说课、模拟授课及微型课技能的提高,既注重理论知识的系统性,又注重技能的操作性和实践性。本书各章节都附有相关案例视频二维码以及相关教资考试真题二维码,具有较强的实用性和可操作性。

### 3. 职前与职后相结合

本书内容能很好地适应当前幼儿园教育改革和教师、学前教育师范学生培训需要,充分反映当前幼儿园教研活动、教师技能培训、幼儿园教师资格证考试及相关学前师范生技能大赛和基本功大赛的新变化,体现学前教育研究与实践的最新成果以及幼儿园教育改革的时代精神与发展趋势,能很好地促进幼儿园教师以及学前教育专业学生的发展。

本书第一章由曹素琴执笔;第二章、第八章由陈东吉执笔;第三章由许秀静执笔;第四章第三节、第五章、第七章第三节由刘丹执笔;第四章第六节、第六章、第七章第六节由于挥执笔;第四章第一、四节,第七章第一、四节由申晓梅执笔;第四章第二节、第七章第二节由陈蕾执笔;第四章第五节、第七章第五节由陈婕执笔;第九章由耿玥执笔;邓晓玲、蔡旺庆统稿。

本书的编写过程中得到了盐城幼儿师范高等专科学校众多领导和陈莉萍园长、沈芬园长以及张丽、蔡立秀、艾环环、成亚娟等几位幼儿园骨干教师的真诚关心。感谢南京大学出版社欣然出版本书,同时也付出了大量的心血和汗水,在此一并表示由衷的感谢!

在编写本书过程中,编者引用和借鉴了许多国内外同行的最新研究成果,并参照了许多有关的资料和书籍,在此对这些资料和书籍等的原作者表示衷心的感谢!

由于水平有限,实践能力不足,本书中还存在许多问题与纰漏,敬请专家、同行和同学们批评指正。

编　者
2024 年 1 月 2 日

# 目录

# 中 篇:模拟授课

# 下 篇:微型课

上 篇

说 课

# 第一章
## 幼儿园说课概述

1. 了解幼儿园说课的含义、类型及意义。
2. 熟悉幼儿园说课的基本要求。
3. 理解幼儿园说课评价的一般观察点及评价标准。

## 第一节　幼儿园说课的意义

### 一、说课的含义

说课，最早可以追溯到中等师范学校学生基本功训练和汇报表演中的"小学教材讲析"。而作为一种教学、教研改革的手段，最早是由河南省新乡市红旗区教研室于 1987 年提出来的。1991 年，《中国教育报》对新乡市的"说课"做了详细的宣传报道，"说课"得到教育界的一致认同。1992 年，全国说课协会在河南省新乡市成立，1993 年 11 月，全国第一部说课专著《说课探索》出版发行。如今，说课已被广泛应用于学校日常教研、教师培训以及教学技能比赛活动中。实践证明，说课活动能有效地调动教师投身教育教学改革、教育理论学习、课堂教学研究的积极性、主动性和创造性，是提高教师职业素质，造就研究型、学者型、创新型教师的有效路径之一。

#### 1. 广义定义

说课指说课活动，即教师以口头言语表达形式为主，教材和教育教学科学理论为依据，针对某节课或某个课题的具体特点，以青年教师或师范学生为对象，对其进行训练与培养的组织形式，是有计划、有目的、有组织地促进教师深入备课，提高教师职业素质的教学研究活动。

#### 2. 狭义定义

说课，就是教师以教育教学理论为指导，在精心备课的基础上，面对同行、领导或教学研究人员,用口头语言和现代化信息手段阐述某一具体课题的教学设计,并与听者一起就教学目标的达成、教学流程的安排、重点难点的把握及教学效果与质量的评价等方面进行预测或反思,共同研讨进一步改进和优化教学设计的教学研究过程。

说课活动源于中师,始于小学,成于实践。目前在师范院校颇为盛行,它有较强的针对性、示范性和有效性,形式灵活,方法简便,易于推广,具有很强的生命力。

## 二、幼儿园说课的意义

### 1. 说课有利于提高幼儿园教研活动的实效

以往的幼儿园教研活动一般都停留在上几节观摩课,再请几个人评课,上课的教师处在一种比较被动的地位,听课的教师也不一定能理解授课教师的意图,导致教研实效低下。通过说课,授课教师可以说说自己教学的意图,说说自己处理活动材料的方法和目的,让听课教师更加明白应该怎样去组织幼儿活动,为什么要这样组织,从而使幼儿园教研的主题更明确,重点更突出,提高教研活动的实效。另外,还可以通过对某一专题的说课活动,统一思想认识,研讨教学方法,探究幼儿园课程改革,提高教学效率。

### 2. 说课有利于提高幼儿园教师备课的质量

在备课过程中,不少幼儿园教师只是简单地构思怎样组织教学活动,很少有人会去想为什么要这样组织,备课缺乏理论依据,导致备课质量不高。说课活动可以引导幼儿园教师思考和交流为什么要这样组织教学,这就能从根本上提高教师备课的质量。

### 3. 说课有利于提高幼儿园教学活动的效率

幼儿园教师通过说课,可以进一步明确教学活动的重点、难点,理清教学的思路,明确各教学环节的师幼活动安排及时间分配,选择恰当的教法和学法,有效地掌控课堂,优化教学过程。这样就可以克服教学中目标不明确、重点不突出、难点不突破、组织不到位、学习资源使用不充分等问题,从而不断提高课堂教学的效率。

### 4. 说课有利于幼儿园教师的专业成长与发展

幼儿园教师的专业成长源于幼儿园教育实践,幼儿园教师专业发展的基点是教学理论知识、教学技能和教育实践。说课活动作为幼儿园教师教学研究实践中理性思考与新话语交流的平台,是新时期幼儿园教师学习文化的重要方式,是幼儿园教师与听众之间相互学习、相互交流的好形式,是通过平等参与在理性层面和操作层面上形成自我培训的好机制。说课能使幼儿园教师在不断"深思"与"探究"中,实现观念更新和文化再造;在教学与研究、理论与实践的有机结合中,促进幼儿园教师对幼儿园课程理念、课程标准、学习材料的深度理解以及对现代幼儿教育理论、游戏化活动方式的不断积累。

幼儿园教师是履行幼儿园教育工作职责的专业人员,需要经过严格的培养与培训,具有良好的职业道德,掌握系统的专业知识和专业技能。

一、基本理念之一

能力为重:把学前教育理论与保教实践相结合,突出保教实践能力;研究幼儿,遵循幼儿成长规律,提升保教工作专业化水平;坚持实践、反思、再实践、再反思,不断提高专业能力。

二、基本内容之专业能力

环境的创设与利用:合理利用资源,为幼儿提供和制作适合的玩教具和学习材料,引发和支持幼儿的主动活动。

教育活动的计划与实施:在教育活动的设计和实施中体现趣味性、综合性和生活化,灵活运用各种组织形式和适宜的教育方式。提供更多的操作探索、交流合作、表达表现的机会,支持和促进幼儿主动学习。

激励与评价:有效运用评价结果,指导下一步教育活动的开展。

(摘自《幼儿园教师专业标准(试行)》)

## 第二节　幼儿园说课的类型

说课,作为教学研究活动的重要形式,因其目的和要求不同,常常有不同的分类方法。

### 一、按目标和形式分类

#### 1. 训练型说课

即将要走上教育岗位(准教师即学前教育专业学生)或刚走上教育岗位的对象(新教师)都要经历这一过程。训练型说课旨在帮助说课者熟悉教学流程,厘清教学思路。

#### 2. 研究型说课

根据明确的研究课题,说课者与听课者通过讨论、答辩、对话等方式进行交流与研讨,从而不断促进与改善幼儿园教师个体和群体的幼儿园教学工作,提高备课理论水平,突破幼儿教学难点问题,探讨幼儿教学热点问题。这是幼儿园教研活动常用的形式。

#### 3. 示范型说课

即由教学骨干、教学能手或相关专家承担,地区教研主管部门或幼儿园组织的一种说课活动形式。说课教师结合自己的教学特色或特长,做精心准备,面对幼儿园教师或学前教育专业学生做示范展示,努力做到突出教学新理念,诠释自己的幼教思想特色,展示自己的幼教才华。

### 4. 评比型说课

参加说课的幼儿园教师从事先确定好的课题中抽签,确定自己说课的课题,在规定的时间内钻研教材,写出说课提纲,然后登台说课,评委要对说课做出评判。这种类型常见于各种级别的说课比赛、幼儿园教师岗位应聘的能力测试等情况。

### 5. 汇报型说课

幼儿园教师通过说课,向幼教管理人员、领导汇报自己的教学(教科研)工作,让幼教管理人员从中了解幼儿园教师的业务水平,掌握幼儿园教学科研动态,制订相应的园本培训计划,做到对幼儿园科研水平的有效掌控。

## 二、按学习活动时序分类

### 1. 课前说课

课前说课是指幼儿园教师在认真研读幼儿教材,领会教材编写意图,利用信息化资源,初步形成教学设计的基础上的一种说课形式。通过课前说课活动,可以借助集体的智慧来预测幼儿教学的实际效果,最终达到改进和优化教学活动设计的目的。

### 2. 课后说课

课后说课是指幼儿园教师按照既定学习活动设计进行授课,并在课后向听课人员阐明自己教学得失的一种说课形式,是对个体教学过程的集体反思与研讨活动。通过这个环节,说课者和参与讨论者会对教学活动中的成败得失有更加清晰的认识,从而为进一步改进和优化教学设计提供可能。

## 第三节  幼儿园说课的基本要求

幼儿园说课不同于集体教学活动,也不等同于备课,它是介于备课和集体教学活动之间的一种集体教学研究活动。其基本要求体现在以下几个方面:

### 1. 科学性

说课活动要求幼儿教师以科学理论为指导,用科学方法解决幼儿园教学活动中的矛盾与问题,要遵循幼儿园教学活动规律,积极学习和研究幼儿认知特点,更新教学理念,以游戏作为幼儿园教学的基本活动形式,避免教学中出现随意性和盲目性。说课中一个又一个的"为什么"、一个又一个的活动安排意图,能使幼儿园教学活动的设计更为合理和科学。

### 2. 独立性

说课活动作为客观存在的幼儿园教学研究中一个相对独立的模式,具有不可替代性。说课取备课、集体教育之长,致力于幼儿教学活动的研讨与交流,也是备课、集体教学所不能替代的。幼儿园教师说课有自己的目标任务、过程结构和评价体系。因此,独立性是说课保持生命力的最基本要求。

### 3. 整体性

说课活动是幼儿园教学活动中的一个子系统,它是由语言表达、学前教育理论、材料剖析、活动设计、幼师素养等因素组成的相互制约、相互作用的一个有机整体。说课活动是说课者综合教学技能的展示和表演,它受多种因素制约,任何一个说课环节的起伏变化都会影响说课活动的质量和水平。因此,说课活动是系统工程,是整个学前教育研究活动中的一个子系统。

### 4. 层次性

说课活动的听众不仅有接受教育的学前教育专业学生,更有具有丰富幼教经历的领导和专家。说课者为了使自己的说课达到较高水平,就必须要学习先进的学前教育理论,提升说课的理论层次。听课者要进行评说,更需要熟悉活动材料、了解幼儿、理解幼儿园教学,并懂得学前教育专业理论、现代信息技术等方面的知识,这样说课者与听课者都能在较高层次上得到切磋与交流。因此,说课是一种高层次的教研活动形式,可以使各方参与者的教学能力得到锻炼与提高。

### 5. 多样性

由于幼儿园说课的活动领域、目的任务、标准要求、师幼素质等方面都存在差异,因此说课活动需要从实际出发,因地制宜,形成各具特色的不同模式。说课活动具有多样性,有利于指导各地区、各幼儿园说课活动的研究工作。

### 6. 灵活性

说课形式灵活,简单易行,不受时间、地点、幼儿、活动进程和活动材料的限制。大到国家、省、市范围内的说课竞赛,小到幼儿园说课教研,无论何时何地都可以随时进行交流。可见,说课具有较好的参与合作特点,能很好地解决幼儿园教学与教研、理论与实践相脱节的矛盾。另外,和教案相比,说课稿可长可短,讨论范围可大可小,涉及教学活动内容可多可少,具有较大的灵活性。

### 7. 预见性

说课活动不仅要求幼儿教师说出"怎样教",而且要说出幼儿"怎样参与、怎样合作、怎样探索、怎样交流"。教师要对所教幼儿的认知特点、行为习惯、智力发展、探索兴趣、表达水平、心理特点等方面的差异进行分析,预测幼儿教学活动中的困难,根据不同情况采取相应措施加以解决。说课者还要说出自己设计的问题,估计幼儿如何回答,教师应怎样启发引导。因此,说课要对幼儿参与活动过程中可能发生的问题进行一些预测,从而在幼儿学习活动中因势利导,随机应变。

### 8. 创新性

说课活动是一种新颖的教学研究活动,是幼儿园学习活动构思的显性化,是教师组织幼儿活动前理性思维的碰撞。说课者要充分发挥自身的特长和教学风格;评课者要善于发现说课者的创新之处,用自己的成功经验对说课者予以帮助。说课者通过同行、专家的点评与交流,扬长避短,不断增强理论认识,从而提高幼儿园教学活动的设计能力。

# 第四节 幼儿园说课的评价标准

## 一、幼儿园说课评价的原则

有说课，必然要有说课评价，否则难以引导和把握说课方向，也难以保证说课的质量和水平。说课评价一般遵循以下原则：

### 1. 及时性原则

要使说课评价收到最快、最佳的效果，最好的办法就是"现场说、现场评"，这样可以防止因遗忘而降低评价效果。"现场说、现场评"，大家置于现场氛围中，思想情绪高涨，最容易阐述自己的观点，畅所欲言，使评、说双方都能得到有效启发，形成头脑风暴，促进说课水平与质量的大幅度提高。

### 2. 客观性原则

评价的客观性，主要指评价者实事求是、客观公正地对说课者所说的内容及表现力进行评剖。评价者对说课活动的目的意义的认识以及持有的评价标准要求要相对统一，坚持用"一分为二"的观点来审视说课者，尽力避免带有个人的兴趣爱好、情感倾向、价值观念等主观因素。评价者既要善于发现说课中的闪光点，肯定成功的做法或探索，以保护说课者的积极性，又要客观地指出说课中存在的问题与不足，提出改进和优化的建议与意见。

### 3. 发展性原则

发展性原则要求评价不是"面向过去的结果"，而是"面向未来的发展"，要用发展的视角看待评价的结果，要将评价的结果作为未来进步和提高的起点，激励说课者加强学习交流，改变现状，求得新的高质量发展。

### 4. 参与性原则

说课，从其活动形式和活动效果来看，实际上是一种教学研究方式。它符合当前教育改革与发展的新形势、新变化、新要求，能有效促进幼儿教师的专业发展与快速成长。因此，听、说双方都能积极参与评价，相互研讨，共同切磋，这是说课的基本要求，也是说课水平提高的有效保障。

## 二、幼儿园说课评价的功能

### 1. 诊断性功能

说课评价是一种及时反馈的鲜活形式，可以使听、说双方不断获得丰富的反馈信息，使听、说双方借助于反馈信息调节各自的教学行动。对一次具体的说课来说，评价它好在哪里、不足之处，可以让说课者明白自己说课过程中的成败得失及其原因，以便总结说课过程的经验教训，扬长避短，更上一层楼。

### 2. 激励性功能

说课评价是把竞争机制引入说课活动之中,可以有效激发被评价者的内部动力,促使说课者积极应对、认真思考,想方设法地说好课;同时还可以有效地激励各方的积极性、创造性,为提高说课质量与水平共同努力。

### 3. 导向性功能

说课活动的特点与性质决定了参加说课的教师的行为准则和价值取向,只要认真参与说课活动必然会从中收益。说课评价的导向作用主要表现在以下几个方面:① 彰显先进教学理念;② 诠释现代幼教思想;③ 展示丰富教学才华;④ 体现多维教学境界。

### 4. 决策性功能

说课评价的结果是鉴定说课质量和教学质量以及教师水平的依据之一,既可以为教育行政领导推广说课和教学经验提供可靠的决策依据,也可以为在教师中客观公正地评先选优、晋职升级、奖优惩劣提供事实依据。

## 三、幼儿园说课评价的内容

### 1. 说课者理解教材情况的评价

（1）能否全面理解和把握《纲要》与《指南》

《纲要》与《指南》从健康、语言、社会、科学、艺术等五个领域详细描述幼儿的学习与发展,分别对 3～4 岁、4～5 岁、5～6 岁三个年龄段末期的幼儿应该知道什么、能做什么、大致可以达到什么发展水平提出了合理的预期。提出幼儿园教育要遵循如下原则:

① 既要符合幼儿的兴趣和已有经验,又要有助于形成符合教育目标的新经验;

② 既要贴近幼儿的生活,又要有助于拓展幼儿的经验;

③ 既要体现内容的丰富性、时代性,又要注重幼儿学习的必要性、难易性以及与小学教育的衔接;

④ 教育活动内容的组织应充分考虑幼儿的学习方式和认知特点,注重综合性、趣味性和操作性,寓主题教育活动于生活、游戏之中。

因此,《纲要》和《指南》是教师组织实施教学的重要依据,教材是教学活动实施的载体。评价说课者是否理解和把握教材,就应该看教师在说课中是否全面正确理解《纲要》和《指南》,是否掌握其中规定的教学要求和教学目标。

（2）能否全面准确地掌握教材地位与作用

教材是教师按照幼儿教育目标、身心发展特点和社会发展需要编写的一种教学资源,是幼儿教师实施教学活动的依据。评价说课者对教材的理解把握情况,就是要看他能否把教学内容置于整个教材体系进行通盘考虑,既要寻找到幼儿学习内容的"前继知识"和"生活经验",即新知识学习的切入点和生长点,又要衔接好"后继知识",为进一步学习做好充分的知识储备和经验积累,做到承上启下。

（3）能否全面正确地确定教学重点难点

突出教学重点、突破教学难点，是组织教学的一个基本原则。评价说课者是否把握教学重点和难点，不能只听他有没有说明重点、难点，而是要从教学流程的设计中全面考察。重点内容需要花费足够时间详细阐述；难点内容应讲清讲透，而且要说出难点问题的处理方法。

### 2. 说课者落实教学目标的评价

幼儿园课程改革提倡从知识与技能、过程与方法、情感态度与价值观三个维度构建"五大领域"的教学目标，并使之贯穿于幼儿教育的全过程。因此，评价说课者的教学目标落实情况，不能只看他有没有对三维目标进行阐述，更要关注他所设计的各个教学环节和教学活动中能不能落实或实现教学目标。

### 3. 说课者选择教学方法的评价

（1）方法选择是否符合幼儿身心特点和智力发展要求

教学实践证明，教学方法在一定程度上能引导幼儿的学习方式，选择符合幼儿身心特点和智力发展要求的教学方法，有助于幼儿形成好的学习习惯，提高学习能力。因此，评价说课者教学方法选择时，必须从教学内容出发，按照《指南》或《纲要》对"五大领域"的目标要求，结合幼儿的年龄特点，综合分析教学方法使用的合理性与有效性。

（2）方法选择是否有利于激发幼儿的学习兴趣

评价教学方法的好坏，最显著的标志是：这种教学方法能否激发幼儿的学习兴趣和学习积极性，能否便于形成民主、和谐、平等、互动的师幼关系。因此，教学过程中能否构建动手操作、合作交流、共同探究的幼儿学习活动氛围是衡量教学方法选择的重要标杆。

### 4. 说课者设计活动流程的评价

说活动流程的设计是说课的核心环节。评价一个活动流程设计的优劣，可以从以下几个方面加以观测：① 活动流程设计是否围绕活动目标展开，活动流程的安排是否为活动目标服务；② 活动内容安排是否联系幼儿生活实际，是否与教材资源相匹配；③ 活动结构是否完整，活动节奏是否合理，重点是否突出，难点是否化解；④ 教学方法、教学媒体使用是否得当；⑤ 活动过程是否条理清楚、步步相扣、逐步深入。

### 5. 说课者教学素养的评价

说课活动中，对说课者教学素养的评价应侧重于教学活动设计、教学理念陈述和突发事件处理策略等方面，可通过设置"请你谈谈这样设计的理论依据""如果幼儿遇到这种情况，你有什么解决办法"等问题，来评判说课者的教学素养。通过侧面评价，可以促使教师备课时"多问几个为什么"，上课时"多想几个为什么"，教学反思时"多提醒自己现在缺什么，应该多学些什么"。

## 四、幼儿园说课评价的方式

### 1. 自我评价

说课者说课结束后,可以根据自己的实际表现对说课过程和说课结果满意程度进行自我评价和剖析,为别人的评价提供背景和现实支持,自我评价是进一步评判的基础。

### 2. 同行评价

说课活动结束后,参与说课活动的领导和其他教师应根据自己的经验和对教学的理解,对说课的内容发表个人的意见和建议,最后由组长做总结。同行评价形式比较适合园本说课活动。

### 3. 专家评价

专家评价方式通常适合于主题型说课活动,组织教师以说课研究解决教学中遇到的问题,聘请课程专家、教材专家、教研人员和学术骨干(特级教师、学科带头人、教学能手等)对说课活动做出评价。专家评价行为本质上是一种专业引领,是教师与专家面对面的教学研究方式。

### 4. 评委评价

评委评价大多数应用于说课比赛活动。全国高职院校学前教育专业学生职业技能大赛就把说课项目作为一个评比项目,全国学前教育专业认证也把"说课"作为学生现场技能测试项目。教育行政部门组织评委班子,通过对选手说课情况的全面评价,评出结果与等第,引导幼儿园或幼儿园教师自觉进行说课研究,带动地区和幼儿园加强师资队伍建设,高校加强学前教育专业学生教学基本功训练。

## 五、幼儿园说课评价的标准

幼儿园说课评价实际上是教育评价的一个部分,主要是为了做好指导、加强交流和继续优化,从而提高幼儿园教师说课水平。说课评价最重要的是要根据一定的标准进行,评价标准主要围绕说课活动的效果;从评价标准的内容来看,重点聚焦的是对说课者的教材处理、学情分析、学法、教法、教学设计、教师基本功等的综合评价。

同时,说课评价标准的制定应该遵循客观性原则、理论性原则、导向性原则、全面性原则、差异性原则。总体来说,说课评价标准要注重导向作用,要为说课者指方向、明思路;注重诊断作用,通过分析评判说课过程的优缺点,推动说课活动发展;注重激励作用,通过肯定说课者的优点,并针对不足指出改进意见,激发说课者的积极性和主动性。表1-1是幼儿园教师说课评分标准。

表1-1　幼儿园教师说课评分标准

| 项　目 | 权重 | 评价标准 | 等第及参考分值 | |
|---|---|---|---|---|
| | | | 等第参考 | 得分 |
| 说设计意图 | 15 | ① 正确分析和把握活动内容的核心价值与育人理念,遵循《纲要》《指南》精神要义;<br>② 深刻理解教材,能满足幼儿需求或主题规范,对学习资源做出科学开发与合理利用;<br>③ 符合幼儿年龄特点、身心状况、已有经验和未知经验等,践行《幼儿园保育教育质量评估指南》要求。 | 优秀(13~15)<br>良好(11~12)<br>合格(9~10)<br>不合格(<9) | |
| 说活动目标 | 15 | ① 目标明确、具体、合理,难度适当,重难点把握准确;<br>② 契合幼儿的认知水平和发展预期,凸显领域特征,可操作性强;<br>③ 有机整合情感、态度、知识技能等方面的发展要求。 | 优秀(13~15)<br>良好(11~12)<br>合格(9~10)<br>不合格(<9) | |
| 说活动准备 | 5 | ① 活动前、中需要的物质准备、经验准备齐全;<br>② 活动准备与幼儿的能力、兴趣、需要等相适应。 | 优秀(5)<br>良好(4)<br>合格(3)<br>不合格(<3) | |
| 说教法学法 | 10 | ① 说清主要使用的教学方法,以幼为本,科学性与创新性兼具;<br>② 充分彰显幼儿的自主学习、主动探索和合作交流;<br>③ 方法灵活多样,富有启发性,能有效地达成学习目标。 | 优秀(9~10)<br>良好(7~8)<br>合格(5~6)<br>不合格(<5) | |
| 说活动过程 | 45 | ① 体现学前教育专业思想,突出幼儿主动学习,教学思路清晰,环节循序渐进;<br>② 教学活动过程完整,结构严谨,环节分配合理,衔接自然,时间分配恰当;<br>③ 详略得当,说清突出重点、突破难点的方法及手段;<br>④ 恰当运用信息化教学手段,适宜运用多元互动策略,形成有效的师幼、幼幼有效互动;<br>⑤ 教学目标达成,有特色,有创新,富有生活化、游戏化精神。 | 优秀(40~45)<br>良好(35~39)<br>合格(27~34)<br>不合格(<27) | |
| 教师综合素养 | 10 | ① 仪表端庄、服饰得体,表达与展示自然大方,突出幼儿园教师精神面貌;<br>② 普通话标准,语言规范、简洁、生动、逻辑性强,具有亲和力和感召力。 | 优秀(8~10)<br>良好(7~9)<br>合格(6)<br>不合格(<6) | |
| 合计 | 100 | | 总评分: | |

**知识链接**

坚持科学评估。完善评估内容,突出评估重点,改进评估方式,切实扭转"重结果轻过程、重硬件轻内涵、重他评轻自评"等倾向。

1. 评估的关键指标"活动组织"中考查要点:"发现和支持幼儿有意义的学习,采用小组或集体的形式讨论幼儿感兴趣的话题,鼓励幼儿表达自己的观点,提出问题、分析解决问题,拓展提升幼儿日常生活和游戏中的经验。"

2. 评估的关键指标"师幼互动"中考查要点:"尊重并回应幼儿的想法与问题,通过开放性提问、推测、讨论等方式,支持和拓展每一个幼儿的学习。"

3. 评估的关键指标"科学理念"中考查要点:"充分尊重和保护幼儿的好奇心和探究兴趣,相信每一个幼儿都是积极主动、有能力的学习者,最大限度地支持和满足幼儿通过直接感知、实际操作和亲身体验获取经验的需要。不提前教授小学阶段的课程内容,不搞不切实际的特色课程。"

(摘自《幼儿园保育教育质量评估指南》)

**课后练习**

1. 什么是幼儿园说课? 说出幼儿园说课的类型。

2. 幼儿园说课活动的基本要求有哪些?

3. 幼儿园说课评价的原则有哪些?

# 第二章
# 说课基本方略

1. 知道幼儿园说课的基本准备。
2. 了解幼儿园说课的基本策略。
3. 体会幼儿园说课的艺术特点。
4. 掌握幼儿园说课训练的基本程序。

## 第一节　说课准备

### 一、理论准备

　　丰富的幼儿园教育知识是做好说课准备的基础。因此,说课前首先要做好相关的知识储备。说课需要在理论指导下去研究幼儿学习材料、活动环节、教法学法,否则说课就会缺少高度。因此,说课者在说课前要针对幼儿教学活动的实际需要,有计划、有步骤地学习幼儿教育学、心理学、"五大领域"教学活动设计等有关理论,掌握幼教规律,了解幼儿的生理、心理特点以及智力发展水平,认识说课所要遵循的基本原则,明确选择教法学法的要求。只有这样,才能不断提高教育理论素质,为说课打下坚实的理论基础。幼儿园说课的知识准备内容多涉及学前教育的相关法律法规文件以及学前教育学、学前儿童发展心理学等相关理论知识,具体如下:

　　1.《纲要》《指南》等文件

　　幼儿园应为幼儿提供健康、丰富的生活和活动环境,满足他们多方面发展的需要,使他们在快乐的童年生活中获得有益于身心发展的经验。

　　幼儿园的教育内容是全面的、启蒙性的,可以相对划分为健康、语言、社会、科学、艺术等五个领域,也可作其他不同的划分。各领域的内容相互渗透,从不同的角度促进幼儿情感、态度、能力、知识、技能等方面的发展。

健康领域目标：

（1）身体健康，在集体生活中情绪安定、愉快；

（2）生活、卫生习惯良好，有基本的生活自理能力；

（3）知道必要的安全保健常识，学习保护自己；

（4）喜欢参加体育活动，动作协调、灵活。

语言领域目标：

（1）乐意与人交谈，讲话礼貌；

（2）注意倾听对方讲话，能理解日常用语；

（3）能清楚地说出自己想说的事；

（4）喜欢听故事、看图书；

（5）能听懂和会说普通话。

社会领域目标：

（1）能主动地参与各项活动，有自信心；

（2）乐意与人交往，学习互助、合作和分享，有同情心；

（3）理解并遵守日常生活中基本的社会行为规则；

（4）能努力做好力所能及的事，不怕困难，有初步的责任感；

（5）爱父母长辈、老师和同伴，爱集体、爱家乡、爱祖国。

科学领域目标：

（1）对周围的事物、现象感兴趣，有好奇心和求知欲；

（2）能运用各种感官，动手动脑，探究问题；

（3）能用适当的方式表达、交流探索的过程和结果；

（4）能从生活和游戏中感受事物的数量关系并体验到数学的重要和有趣；

（5）爱护动植物，关心周围环境，亲近大自然，珍惜自然资源，有初步的环保意识。

艺术领域目标：

（1）能初步感受并喜爱环境、生活和艺术中的美；

（2）喜欢参加艺术活动，并能大胆地表现自己的情感和体验；

（3）能用自己喜欢的方式进行艺术表现活动。

2. 学前教育学相关理论知识

我国幼儿园教育的目标：对幼儿实施体、智、德、美等方面全面发展的教育，促进其身心和谐发展。

教育的一般原则：尊重儿童的人格尊严和合法权益的原则；促进儿童全面发展的原则；面向全体，重视个别差异的原则；充分利用儿童、家庭、社会的教育资源原则；发展适宜性原则；目标性原则；主体性原则；科学性原则；整合性原则。

幼儿园教育的原则：保教结合的原则、以游戏为基本活动的原则、教育的活动性和活动的多样性原则、发挥一日活动整体教育功能的原则、教育引导发展的原则。

科学的儿童观包括：儿童是独立的个体，他们生来具有人的尊严和价值，不论什么种族和性别的儿童都具有一切基本人权；儿童是正在发展的个体，他们有充分的发展潜能,而且存在发展的个别差异,应遵循其身心发展的规律,充分发掘其潜力;儿童是完整的个体,除了健全的身体外,还有丰富独特的精神世界,必须高度重视其身体、认知、品德、情感、个性等方面的全面发展;儿童是独特的个体,包括不同于大人的、不同于其他年龄段儿童的、不同于其他同龄儿童的个体差异,应对儿童因材施教。

### 3. 学前儿童发展心理学相关理论知识

最近发展区:维果茨基提出最近发展区的概念,指儿童能独立表现出来的心理发展水平,和在成人指导下表现出来的心理发展水平之间的差距。最近发展区的大小是儿童心理发展潜能的标志,在儿童心理发展每一时刻都存在,同时又时刻变化,因人而异。

学前儿童的性格特点:活泼好动、喜欢交往、好奇好问、模仿性强、好冲动。

学前儿童各年龄段的发展特点:3～4岁,最初步的生活自理,幼儿园生活和生活范围的扩大,引起心理发展上的各种变化,认识能力、生活能力、人际交往能力都迅速发展;认识依靠行动,即"直观行动思维";情绪作用大,心理活动情绪性极大;爱模仿,模仿是幼儿主要的学习方式。4～5岁,更加活泼好动;思维具体形象;开始接受任务;开始自己组织游戏。5～6岁,好问好学,幼儿在这时期有强烈的求知欲和学习兴趣,好奇心比以前深刻;抽象思维能力开始萌发;开始掌握认知方法,掌握集中注意的方法,开始运用有意记忆;个性初具雏形;有较稳定的态度、兴趣、情绪、心理活动。

学前儿童各年龄段的思维发展特点:2～3岁,直观行动思维,主要以直观的、行动的方式进行;3～5岁,具体形象思维依靠表象,即依靠事物在头脑中具体形象的联想进行思维,是幼儿思维的典型方式;5～6岁,抽象逻辑思维是反映事物的本质属性和规律性联系的思维,是通过概括、判断和推理进行的,是高级思维方式,学前期儿童的抽象逻辑思维萌芽。

## 二、技术准备

### 1. 明确幼儿园说课的内容和要求

说课就是全面阐述和完善教学设计的过程,也就是要说清楚教什么、怎么教、为什么教。要想说好课,首先应明确说课要说什么。关于说课的内容,没有什么一成不变的"框框"和"模式",通常包括说教材(设计意图)、说学情、说教法学法、说活动准备、说活动过程和说活动评价(反思)等几项内容,其中说教学方法里包括教师的"教"和幼儿的"学"两个方面。

说课不但要求教师要说出怎样教而且要说清"为什么这样教"的理论依据,使得听者既能知其然,又能知其所以然,达到理论与实践的有机结合。

### 2. 掌握幼儿园说课的技巧

(1)"说"重于"写"

幼儿园说课尽管先着手写语言、健康、社会、艺术、科学、综合等类型的说课稿,但最终是用口头语言进行表述的。要动口,要有说的功夫,就要加强说的训练。说课时要注重过程中的语气、语量、语调、语速、语感;要进入角色,脱稿讲演,不能用背稿的语调。

（2）分清主次

在说课时，说课者对说课的各方面内容，要分清主次，不能平均使用力量，只要说清"是什么"和"为什么"即可。应把主要力量放在说活动流程上，活动流程不仅是方案设计以及实际授课过程中的重点，更是说课的重中之重。

### 3. 备好说课所需的教具

很多时候，条件允许的情况下，幼儿园说课前需要准备好所需展示的玩教具、音视频、图谱、多媒体课件等教学用具以及必要的展示和板书。说课时，可以根据需要做适当的介绍和演示。

## 三、心理准备

由于说课时间短、信息量大、理念要求高，许多新手会有较大的心理压力。如果说课者心理压力过大，容易在说课时失去心理平衡，因过度紧张而手忙脚乱、顾此失彼，影响正常水平的发挥，因此说课者需要在说课活动之前做好充分的心理准备。

### 1. 重视说课价值

说课活动是在短时间内较快提高教师教学素质的最佳形式，也是提高教学质量的有效途径。学前教育专业学生要充分认识到这一点，形成迎难而上的意识，从而变压力为动力，积极踊跃地参与说课活动，主动学习先进的幼教理论，认真钻研教材和教法，使自己的教学水平和业务能力在原有基础上更上一层楼。

### 2. 增强自信心

由于说课之前已大概圈定了范围，说课者已对内容做了准备，因此说课时要卸下思想包袱，消除紧张心理，从容自如，同时要正确地评估自己的实力，使自身能力得到应有的发挥。

### 3. 注意心理调节

在说课过程中没有幼儿配合，一切靠自己完成，可能会出现小失误，这时说课者需要发挥教学机智，消除心理紧张，稳定心理状态，巧妙、及时地予以弥补。这种自我调控心理的能力不是一蹴而就的，需要在平时训练中不断感受与积累。

说课是幼儿教师参与教育科研、提高教学能力与水平的重要路径。无论参加哪种类型的说课活动，要想取得理想的效果或成绩，还必须要做好说课前的演练工作，邀请同学或指导教师参与说课现场模拟，检测说课准备情况，对说课稿件、说课各环节进行反思与评估，虚心听取同学或指导教师的建议与意见，并及时对说课稿和说课环节做修改和完善，为参加正式说课活动做好充分准备，以便取得好的说课效果和比赛成绩。在演练时，要关注细节，注意说课教师所处的位置，注意表情和肢体语言的运用，板书和操作等活动要自然、协调、落落大方。

## 说课中可借鉴的教育家理念

人生百年,立于幼学。(梁启超)

幼儿教育实为人生之基础。(陶行知)

一切为了儿童,为了儿童的一切。(陈鹤琴)

我们之所以成为今天的样子,乃是在幼儿时期在生命最初两年建构的。3岁已奠定下了身为一个人的人格基础。(蒙台梭利)

教人要从小教起。幼儿比如幼苗,必须培养得宜,方能发芽滋长。幼稚教育尤为根本之根本。(陶行知)

教学的艺术不在于传授本领,而在于激励、唤醒和鼓舞。(第斯多惠)

教育的艺术是使学生喜欢你所教的东西。(卢梭)

儿童的一切教育都必须遵循一个原则,即帮助孩子身心自然的发展。(蒙台梭利)

孩子本身,对成人来说,是个伟大的教育力量。(苏霍姆林斯基)

主张儿童走进活生生的大自然、大社会中,把儿童直接感受的丰富经验与各个学科的术语结合起来,提升为一般性、普遍性的知识。(陈鹤琴)

教育是伟大的事业,人的命运决定于教育。(别林斯基)

儿童乃是生命之花。但要使花成为好花,只有及时地用剪刀剪去那些枯枝。(马卡连柯)

儿童正是利用他周围的一切塑造了自己。(蒙台梭利)

教学做合一。(陶行知)

教育即生活。(杜威)

教师之为教,不在全盘授予,而在相机诱导。(叶圣陶)

# 第二节 说课策略

著名的加拿大教育家马克斯·范梅南说过:"教学就是'即席创作'。"同样,作为教师最基本的教学技能之一的说课在一定程度上就是即席的艺术,是需要恰当的说课策略加以辅助的。说课策略包括理论运用策略、程序设计策略、情感表达策略、语言组织策略等。

## 一、理论运用策略

说"理"是说课的灵魂,教学设计中的各个环节都需要一定的理论支撑,需要相应的学前教育理念、理论做指导。在说课中要将说理论与说教学实践有机地结合起来,不要片面追求高深的理论,否则容易空洞化。

### 1. 学习幼教理论,指导幼教实践

说课要求学前教育专业学生要认真学习先进的教育理论、教育思想和课程理论,了解国内外幼教改革动态,获取最新的幼教信息,形成知识积淀。只有这样,才能在说课实践中找到相应的理论依据。

（1）认真研读"五大领域"的课程目标

说课中,一是要熟悉"五大领域"课程目标对本次学习活动的基本要求;二是要知道课程目标对幼儿的学习要求;三是要了解本领域的课改理念,应贯彻怎样的教学原则;四是要清楚课程实施中要求的教法和学法。学前教育专业学生只有研读"五大领域"的课程目标,与幼儿园实际课程教学有效对接,才能提升自己的教学实践技能。

（2）掌握相应的教育科学理论

学前教育专业学生不仅要学习幼儿教育学、心理学的有关原理,熟悉幼儿园课程的基础知识,而且要学会应用系统论、控制论、信息论原理来设计自己的教学过程。系统是指由若干相互依存、相互制约的要素为了达到一定目的而组成的有机整体,教学系统是由师生共同活动组成的旨在提高教学质量的管理系统。系统论的观点和方法的运用旨在对教学活动的结构和过程进行系统考察与分析,从理论和技术上提供实现最优化教学的系统方案。教学系统有效控制需要四个条件:精确的目标、详细的控制程序、良好的反馈、受控系统的调节。教学控制论是运用控制论原理和方法进行分析,以达到教学过程最佳控制的理论;教学信息论是运用信息论、系统论、控制论等学科的基本原理和方法研究教学过程中的教学信息传播、变换、反馈规律的理论。同时,幼儿教师要掌握好理论与实践的结合度,理论过浅,没有针对性,说些通用的准则,就会给人以"虚设""不贴切"的感觉。另外,不是所有的教学程序、教法学法都要"寻根探底",无直接联系或不需要的理论,没有必要说出来。

### 2. 感悟教学实践,丰富教学理论

幼儿园教师学习教学理论,通过理论来指导教学实践,可以达到从高位审视自己实践行为的目的;相反,幼儿教师感悟、总结教学实践,将自己行之有效的教学实践提升到理论层次,对实践做出合理的解释,则能丰富和发展教学理论。

幼儿园教师要善于梳理自己课堂上的经常性做法、教法,能用精辟的话语概括行之有效、深受幼儿喜欢的具体教学经验,拓展教学理论,并不断去指导新的教学实践。

## 二、程序设计策略

说课中的程序设计总体策略是:① 理论依据要与教学过程行为密切相关,要将理性思考变为必然行为;② 让听说者明白教什么、怎样教以及为什么这样教,将实现怎样

的教学目标;③ 说课思路清晰,详略得当,重点内容重点说,难点突破详细说,理论依据合理说,创新之处强调说。

程序设计一般从以下两方面入手:① 要理清一节课的组成部分,各部分之间的联系、顺序和时间分配;② 根据各部分的教学功能给出教学阶段的"名称"。幼儿园教学程序一般为:创设情境,导入新课;合作探究,学习新知;角色扮演,游戏体验;资源拓展,活动延伸。

### 三、情感表达策略

《学记》云:"知其心,然后能救其失也。教也者,长善而救其失者也。"课堂教学离不开情感交流,离不开对幼儿情感智力的培养。说课不仅要说教什么、怎样教,而且要用"心"来准备,用"情"来表现教师情感教育的活力。学前教育专业学生在说课现场要准确表达自己的情感,一方面,可以将预设课堂或过去课堂的情感,通过自己的语言予以表现;另一方面,可以用自己的情感语言调动听说者的情绪和思想,感染他人,以产生共鸣效应。

#### 1. 说课要有激情

所谓激情,是一种快速强烈地爆发而又时间短暂的情感。这种激情往往表现出的是合理而又恰当的自信、准确而又简洁的推论、生动而又贴切的陈述。如果能将科学的态度、科学的精神转化为激情,就能大大提高说课的表现力和感染力。

#### 2. 说课要有热情

所谓热情,是一种强有力的稳定而又深刻的情感。说课稿文字量不要太大,说课时间一般在 10 分钟左右,但完成一项说课任务花费的时间和精力较多,需要阅读许多相关的文献资料,需要分析教材,研究幼儿,选择教法学法,需要深刻反思教学行为。因此,只有以积极的情感、饱满的激情、稳定的心境、满腔的热情投入说课活动之中,才能保证说课活动取得丰硕的成果。

### 四、语言组织策略

幼儿园教师的教学语言是传授知识、进行思想沟通的桥梁,运用得好,可使教学取得事半功倍的效果。学前教育专业高年级学生或新入职的年轻幼儿园教师,说课时往往会因为语言组织不到位而影响说课效果。说课的语言组织应遵循以下几个原则:

#### 1. 非理莫语

一方面,说课时不合理的话、没有依据的话不要说;另一方面,说课时要尊重他人,平易近人,力求做到语言表达有理有据、通俗易懂、和蔼可亲。

#### 2. 言而有信

教学设计与构思都应建立在课堂实际之中,要求真实、具体、不虚设,能够前后呼应,让听者充分感受到说课者掌握知识的厚度、理解知识的深度以及教学技能的长度。

#### 3. 言之有物

说课中的理论与实践、构想与践行、过程与环节都要力求"血肉丰满",避免空话连篇、装腔作势。谈理论时一定要有实践的辅证,谈具体做法时也必须有理论的支撑。

### 4. 言而有度

这是指说课时要精选文字和语言,最大限度地发挥有限时间内的语言传播效应,既体现说课的连贯性、逻辑性和机智性,又干净利落,简洁得体,给人以美的享受。

## 特级教师谈说课

窦桂梅:课程改革到今天,回味自身专业的时候,一手好字、一篇好文章、一副好口才——这些从事教学的教师们,不能不思考,自身的"武功"到了何种境地。好比说课,就是体现教师口才的标志之一的基本功,成为我们学校校本教研的重要内容,其意义是一种回味,一种反思,更是一种提升。

何谓说课?遍阅多年前不同的人给出的不同定义,发现虽然表述的形式不同,但所蕴含的意思却没有太大差别,就我个人看,"说课",可以简单表述为"把自己对课程的理解、对教材的分析、对学情的把握、对教学方法的选择、对教学过程的设想及其理论依据,向同行或者专家学者表述的过程"。这是一种不同于备课和上课的,展现自己教学思想和教学能力的特殊的形式。一句话:说课就是说"教什么""怎么教"以及"为什么这么教"。

至于为什么要说课。一是有利于教师专业素养的提高;二是有利于对课堂的聚焦探究,再者是有利于课堂多向度的观察。

武凤霞:何谓说课?就个人看,"说课"可以表述为"把自己对教材的理解、对教学过程的设想及其理论依据向同行或者专家学者表述的过程"。所以,说课是一种不同于备课和上课的展现自己教学思想和教学能力的特殊的形式。说课稿的撰写不同于教案,教案主要呈现的内容有明确的教学目标、教学重难点及连贯而清晰的教学步骤。也不同于教学实录,教学实录主要是通过师生的对话真实地再现教学过程。说课稿的撰写流程一般包括教材分析、教学理念、教法学法、教学目的和重难点、教学程序、板书设计等内容,而且,在教学程序中,对重点环节不仅要写清楚教什么,怎么教,更重要的是还必须写出为什么要这样教,这样设计的理论依据是什么。也就是说,要进行深度反思。

说课在展现形式上也不同于上课,上课是教师在特定的环境中,依据教案,和学生共同学习的过程,是具体的教学实践活动,它的目的是让学生"学会"和"会学"。而说课是教师个人的"独角戏",它的听众群体是教师、专家及学者。它的目的是给大家清晰明白地展现一次教学活动的设想,使听者听懂,且唤起他们强烈的认同意识。

也正是基于这许多不同,所以,说课时我们要关注两大方面,一是说课稿如何写,一是"人"如何说。

# 第三节　说课方法

## 一、确定说课内容

说课时首先要确定说课内容。有时说课内容是指定好的,有时是可以自己选择的。幼儿园课程内容的来源可以是社会、幼儿和学科本身,广泛的来源要求幼儿教师懂得择取符合幼儿最近发展区以及年龄、心理特点的教学内容,在产生教育效果的同时须兼顾趣味性、操作性。课程内容选择的正确与否是衡量一次说课能否成功的关键,如果没有合理的教学内容,天花乱坠的语言只会使说课过程显得夸夸其谈。最好选择与自己业务能力专长相匹配的有关领域或主题,要考虑有代表性、典型性,既能充分体现"五大领域"特点,又有利于将幼教课程改革的最新成果融入其中。

## 二、找准理论依据

课堂教学策略、教学方法的理论很多,有教学论中的教学规律、教学原则、教学方略和教学组织管理等方面的理论,有现代系统论、控制论和信息论,还有教学艺术与技巧方面的理论等。说课时要以教材为基础,以课改为依据,以学情为出发点,认真学习有关理论知识,向上找准理论依据,向下升华、提炼教学经验,力争做到"言之有理、自圆其说"。

## 三、定好说课程序

说课中的"程序"与教案中"活动过程"的主要区别是:前者是理性思维下的过程呈现,它体现授课者的逻辑顺序和时间顺序及这两个顺序的有机组合;后者主要是过程性和阶段性安排。

设计好说课程序,主要从以下三个维度来考量:一是要理清说课内容的知识体系与结构,它是静态的,要求幼儿初步掌握的,是说教学程序中的内含主线;二是幼儿园教师在课堂上所表现的教学程序和结构,它是动态的,是在师幼互动中呈现出来的;三是说课时"说"的程序,即先说什么、后说什么、突出什么、淡化什么等问题的处理。

## 四、突出说课重点

说课的内容非常丰富,一节40分钟的课的构思与设计,不可能说得面面俱到,应有所侧重。说课应突出以下几点:一是着重介绍新的教学模式或者教学方略以及对它们所产生的教学效果的预测;二是要从幼儿教育学、心理学角度出发,分析幼儿思维的特点,说明本次教学活动的理论依据;三是从课堂实际出发介绍具体教学方法与步骤。

### 五、彰显说课个性

在说课中，幼儿教师要明确说出目标意图、理论依据和内容缘由，说清"为什么要这样做"；要亮出自己的观点与见解，同时要说出在这些观点指导下，如何采取相应的教学措施与手段。教学方法与手段的选择是受教学经验和个性影响的，不同性格、个性的教师在各自教学经历中往往会积累出各不相同的个性化教学经验。因此，幼儿教师说课时要突出自己的个性，体现自己的独到之处、创新之处。

### 六、丰富表达手段

说课主要通过语言、文字、图表、图像以及多媒体辅助手段来表达。说课以科学理论为依据，体现说课的科学性；语言用于表达教学思维，情感交流；多媒体手段用于直观呈现，将说课内容展现给听者，有利于调动听者的视觉、听觉，将会在很大程度上丰富听者的感官体验，产生意想不到的好效果；体态语言有利于增加生动性、趣味性，提高说课效果。

说课尽管有多种表达方法，但仍然以"说"为主。提高说课的表达能力，应注意以下六个方面：① 守时守信，不要随意超时；② 表情自然、大方、谦逊；③ 语言简练、流利、速度适中；④ 条理清楚，层次分明，逻辑性强；⑤ 表达完整，理由充分，具体实在；⑥ 个性特长显现，有感染力。

## 第四节　说课艺术

### 一、说教学目标的艺术

美国著名教育学家布卢姆指出："科学地确立学习目标是教学的首要环节。"他认为，有效的教学始于知道希望达成的目标是什么。因此，目标是说课的首要内容，是教学设计的依据和教学过程检验的标准。

#### 1. 教学目标的确定

幼儿园教学活动目标的制定应包括认知、技能、情感三个方面：

（1）认知目标，即知识的掌握、认知能力的发展。

（2）情感目标，即包括兴趣、态度、习惯、价值观念、社会适应能力的发展等。

（3）技能目标，即技能的获得、动作协调、动作技能的发展等。

#### 2. 教学目标的表述

教学目标的表述应该包括"行为"与"内容"两个层面，一方面要描述幼儿需要养成何种行为，另一方面又要说明这种行为能在其中运用的领域或内容，也就是说，"目标"重在叙述幼儿行为状态变化，而不是描述教师教什么、怎样教。

教学目标如果描述得含糊笼统,就会很难检测;反之则便于检测。教学目标一般由四个要素组成:行为主体、行为动词、行为条件和表现程度。行为主体:由谁完成学习活动预期行为(一般指幼儿);行为动词:可用以描述幼儿所预期形成的具体行为动词(复述、说出、列出、指出、体验、感受、喜欢、探索、理解、掌握等);行为条件:让幼儿产生预期行为的特定限制或情景(即指幼儿预期行为是在怎样的条件、时间、背景等情况下产生的);表现程度:幼儿通过活动所达到的最低水平。

## 二、说重点、难点的艺术

所谓教学重点是指教学活动中举足轻重的、关键性的、最基本的、最重要的中心内容,是课堂结构的主要线索,对于巩固旧知识和学习新知识都起着决定性作用。而教学难点则是从幼儿实际出发,幼儿难于理解或领会的内容,这些内容或较抽象,或较复杂。难点有时又要根据幼儿的实际水平来定,同样一个问题对于不同班级里的不同幼儿来说,就不一定都是难点。教学过程是为了实现目标而展开的,确定教学重点、难点是为了进一步明确教学目标,以便教学过程中突出重点,突破难点,更好地实现教学目标。

### 1. 教学重点、难点的关系

教学重点与教学难点是两个不同的概念,教学重点不一定是教学难点,教学难点也不一定是教学重点。一般情况下,教学重点中的局部内容很可能是教学难点。在特定条件下,教学重点与教学难点又具有同一性,即教学重点就是教学难点,教学难点就是教学重点。

维果斯基认为,儿童的发展有两种水平:一种是儿童现有的发展水平,一种是在他人的指导帮助下所能达到的较高水平,这两种水平之间的差距称为"最近发展区"。它的存在为教学提供了可能,教学活动必须从儿童的现有水平出发,逐渐给儿童提出更高的发展要求。这也就要求幼儿园教师要不断地为儿童搭建脚手架,引导儿童从一个水平向另一个更高的水平发展。

### 2. 教学重点、难点的处理

教学难点通常是教师难教、幼儿难学的内容,一般情况下,重难点的突破与化解可以有以下做法:

(1)循序渐进

教师在讲解难点时,要适当放慢学习节奏,尽力缩小问题之间的跨度,循序渐进分层次,要给幼儿充分思考的时间与空间。

(2)直观形象

在说教学难点时,说课者要讲清楚教学时教师是如何充分应用各种直观教学手段,帮助幼儿增加感性认识的,努力使复杂语言直观化、抽象符号形象化、抽象问题具体化;讲清楚是如何利用教具、挂图、实物音像、动画和现场模拟等教学资源,形象生动地补充感性知识,然后归纳总结上升为理性知识的。

（3）各个击破

有些教学内容难点可以逐步分解，说课者要讲清教学时是怎样采取分散讲解、各个击破的原则，当各个难点化解以后再用适当的方法组合起来讲清该难点的概念或规律的。

### 三、说教法、学法的艺术

教学方法是教学过程中的基本要素之一，是说课整体结构中的重要组成部分。适宜的教学方法有利于教学目标的达成，说课中要选好教学方法，并且要能在教学过程中有意识地实施好教学方法。一节课的教学方法是多样的，任何一种教学方法不可能是绝对最佳的，在实际教学中通常以一种方法为主、多种方法为辅。教学有法，教无定法，教学方法的选择一般由以下几个因素决定：

#### 1. 因"课"选法

不同的学科、不同的课型、不同的教学内容应有不同的教学方法。比如，新授课通常选用讲授法、谈话法、讨论法、探究法等；复习课通常选用谈话法、练习法等；技能课通常选用实验法、演示法和练习法等。

#### 2. 因"人"选法

不同的班级、不同的幼儿、不同的教师会有不同的教学方法。面向幼儿适宜选用情景教学法、操作探索法、交流讨论法、角色扮演法、讲解演示法、启发引导法。也可以根据幼儿教师自身特点选择教法，有些幼儿教师擅长生动的语言表达，有些幼儿教师擅长运用直观教具或多媒体制作。

#### 3. 因"物"选法

不同的教学内容、不同的教学环境、不同的教学设备条件下也会有不同的教学方法。幼儿教师在选择教法时，可根据教学内容、幼儿园条件，因地制宜，不可超越实际条件。

所谓学习方法，其实就是掌握知识的方法，它具有传递性、交互性的特点。在新知识教学时，能把握幼儿已有的学习方法与技巧，可以有针对性地指导幼儿从已有的学习方法和技巧体系中检索有用信息，培养幼儿独立分析问题、解决问题的能力。"说学法"就是说出幼儿从已有学习方法向新的学习方法转化的切入口和路径，说出学习新知识时应重点关注的方法，有助于解决"怎样学"的问题。

### 四、说教学过程的艺术

所谓教学过程，就是教学活动展开的过程，它表现为教学活动推移的时间序列，通俗地讲，就是教学活动是如何发起的，又是怎样展开的，最后是如何结束的。说教学过程是说课的重点部分，只有通过教学过程设计的阐述，才能反映说课者的教学思想、教学活动安排是否科学合理，是否具有艺术性及教学个性。

教学过程设计不仅与不同的学科相关，还与不同的教学过程观相关。现代教学过程观主要有：教学是认识与实践的活动过程；教学是认识、情感、技能等领域的一种变化过程;教学是一种发现探究过程;教学是一种信息加工处理过程。

## 学前教育热点理念

### 1. 幼儿园课程生活化

南京师范大学虞永平教授指出:儿童大部分的活动都是与课程的实施有关的。可以说幼儿园课程本来就是生活化的,这是幼儿园课程的重要特质。而儿童的生活是具有游戏意味的,是充满了游戏的,儿童具有将生活渗入游戏的强大能力。因而,幼儿园课程也是游戏化的。幼儿园课程的生活化和游戏化是相互统一的,它们的基础就是儿童的身心发展规律,就是儿童的需要、兴趣和可能。从这个意义上说,一切真正从儿童出发、能充分满足儿童兴趣和需要的课程,一定是生活化和游戏化的。

生活化是幼儿园课程的重要特质。幼儿园课程生活化就是让幼儿园课程回归本原,让儿童从文本和符号中解放出来,从接受和模仿中解放出来,真正成为主动的经验获得者,让儿童对幼儿园课程有更大的兴趣和更高的热情,能更积极地动用自己的多种感官与周围环境相互作用,获得更丰富的、综合的直接经验。

——虞永平《再谈幼儿园课程的生活化和游戏化》

### 2. 幼儿园课程游戏化

虞教授指出:幼儿园课程游戏化是指幼儿园课程能带给儿童特殊的体验和收获,能激发儿童广泛的学习可能。这种体验和可能的核心就是游戏的基本精神:自由、自主、愉悦和创造。这意味着良好的幼儿园课程应该具有游戏精神,在充分激发儿童天性的同时,应该让儿童学习和尝试解决现实活动中出现的问题,协商制定规则和内化规则,不受过多的人为束缚,能悠然、自在地参与到活动之中;儿童有对活动、材料、伙伴等的选择权,能充分开展自己喜欢的活动,对活动的进程和方式具有决定权,有较强的存在感;儿童从活动过程和活动成果中能感受到愉快和舒适,有积极的情绪体验;儿童的精神得到放松,创造潜能得到充分的激发,思维活跃,有敏锐的问题意识,能创造性地考虑问题和对策。这种状态就是充分游戏的状态,是对周围的环境、事物和现象高度敏感的状态,对儿童来说也是有效学习的状态,是具有获得新经验的无限可能的状态。是什么让儿童处于这样的状态,那就是自由、自主、愉悦和创造的游戏精神,这种精神是儿童充分游戏的重要支撑,也使儿童在游戏中获得真实和多维的体验。

——虞永平《再谈幼儿园课程的生活化和游戏化》

课后练习

1. 简述说课准备需要做哪几个方面的工作。
2. 说好课的策略有哪些？
3. 说课的艺术主要体现在哪些方面？举例说明如何才能达到说课的艺术特点。
4. 说课训练的基本程序有哪些？

## 第三章 幼儿园说课稿基本模式

**学习目标**

1. 了解幼儿园说课稿的基本模式。
2. 熟悉幼儿园"五大领域"说课稿模式。

## 第一节　幼儿园说课稿基本模式

尊敬的各位老师：

大家好！我是_____号考生。今天我说课的题目是_____。（板书或多媒体课件呈现课题）

下面我将从说设计意图、说活动目标、说活动准备、说教学方法、说活动过程、说活动反思等几个方面来进行说课。

### 一、说设计意图

设计意图就是"我为什么设计这个活动"。可以从以下几个方面来阐述：

1. 幼儿的年龄特点、兴趣需求。

2. 幼儿对所学习内容知识的掌握情况。如：中班幼儿认识汽车，多能说出名称，但什么功能说得不够全面等。

3. 教学（教材）对幼儿的要求，也可以是《纲要》与《指南》对各个年龄段幼儿的期望，即幼儿应该达到一种什么状态。

4. 采用什么教学方法让幼儿学会所要教给他们的新经验。例如：

《鹅大哥出门》这个故事选自中班语言活动，是《讲文明，懂礼貌》这一主题中的语言领域的教学内容。该故事选用了幼儿生活中比较熟悉并喜欢的大白鹅为主角，讲述了大白鹅骄傲不懂礼貌的故事。《幼儿园工作规程》指出，应培养幼儿讲礼貌的良好品德和行为习惯；《纲要》和《指南》也强调，幼儿应养成文明的语言习惯，因此这个故事对幼儿具有一定的教育意义。故事中的鹅大哥从"红红的帽子,雪白的羽毛"到"一只大黑鹅"的鲜明对比,符合幼儿的游戏心理,易于他们理解故事。此外故事中还有几个陌生的词汇,对于中班幼儿丰富语言经验很有帮助。由此我选择了本次活动,并将它与语言和社会两个领域相结合。

## 二、说活动目标

活动目标是指教学活动的主体在具体教学活动中所要达到的预期结果、标准。制定活动目标主要依据三个方面:(1) 领域总目标及领域各年龄阶段目标;(2) 教学内容的地位与作用,能力与情感要求;(3) 幼儿认知水平与思维特征。所以确定活动目标的基础是对领域总目标及年龄阶段目标的研读和把握,对教学内容和幼儿情况的深入细致分析。幼儿教师可以从以下三方面进行整体设计,建立目标体系:

1. 确立情感态度,即幼儿通过学习,所应养成的良好的情感态度和价值观。

2. 确立能力,即幼儿通过学习,在身心发展上,如能力、意志、性格、体力的发展上要达到一个什么标准。一般而言,能力是由观察、思维、记忆、想象等构成的,其中思维能力是核心。

3. 确立知识、技能,即幼儿通过学习,在基础知识和基本技能上达到一个什么标准,是掌握还是理解、知道等。

活动目标是教学活动的起点和归宿,对教育活动起着导向作用。因而明确活动目标尤为重要。目标确定要做到全面、明确、具体、可测。因此教师要紧紧抓住活动目标,以充分的理论依据和实践经验说明实现活动目标的进程、步骤、组织,以及目标实现程度的检测等方面的基本思路。例如,《鹅大哥出门》这一活动目标的确立过程如下:

首先《纲要》指出,教育活动的目标应建立在了解幼儿现状的基础上,中班幼儿的理解能力有所提升,但仍然较弱;对未接触的词句,尚不能依据语义来理解。其次《指南》明确指出,4~5岁幼儿应达到"大体讲出所听故事的主要内容"和"大致说出故事的情节"的水平,而幼儿在复述故事方面仍存在不足。最后,《幼儿园工作规程》在阐述幼儿园任务时将"德"置于最前位,可见幼儿的品德养成不容忽视。因此,我从认知、能力和情感三方面提出了本次活动的目标。

1. 认知目标:能够理解故事内容,学习"神气、乐滋滋"等词汇;

2. 能力目标:积极参与故事情节的讨论,能大致复述故事情节;

3. 情感目标:懂得不能骄傲自大、不能欺负弱小的道理。

根据以上活动目标,同时基于《指南》对4~5岁幼儿提出的语言能力目标"能根据连续画面提供信息,大致说出故事情节",我将把理解故事内容,"懂得不能骄傲自大、不欺负弱小"的道理设为活动重点。根据中班幼儿的语言发展状况,我认为"能复述故事情节"对于幼儿来说具有挑战性,故设为活动的难点。

## 三、说活动准备

幼儿的学习离不开教学情境的创设和各种教学活动材料,这是符合幼儿的思维特点和学习方式的。在幼儿园的教学中,教学材料的设计与使用是提高教学有效性和激发幼儿学习兴趣的重要手段。例如,《鹅大哥出门》活动准备为:

为了使本活动的开展更加符合中班幼儿的学习方式和特点,同时注重综合性、趣味性、活动性协调统一,寓教于生活情景游戏之中,我做了以下两方面的准备:

物质准备:我准备了多媒体课件《鹅大哥出门》,大白鹅、小鸡、小鸭的头饰,目的是让幼儿更好地进入游戏角色中,帮助幼儿理解故事内容。

经验准备:我先了解班级中认识鹅、熟悉《咏鹅》的小朋友,然后会请家长提前帮助幼儿认识鹅,观察鹅走路的姿态和鹅的生活习性等。

## 四、说教学方法

教学方法是教师和学生为了实现共同的教学目标,完成共同的教学任务,在教学过程中运用的方式与手段的总称。

幼儿园教育活动常用方法从大的方面来分,包括语言类方法、直观类方法、实践类方法、游戏类方法。有的方法是各领域活动都较常用的方法,也有的方法是某个领域的特殊方法。

### 1. 健康教育活动常用方法
讲解法、示范法、练习法、游戏法、比赛法。

### 2. 语言教育活动常用方法
讲述法、示范法、讲解法、谈话法、练习法、游戏法、情景表演法。

### 3. 社会教育活动常用方法
讲解法、讨论法、谈话法、参观法、行为练习法、榜样示范法、角色扮演法、陶冶法。

### 4. 科学教育活动常用方法
观察法、实验法、操作法引导发现法、比较法、演示法、讨论法。

### 5. 艺术教育活动常用方法
讲解法、示范法、范例法、练习法、整体感知法、多感官参与法、临摹法。

## 五、说活动过程

说活动过程是说课的重点部分,它反映着教师的教学思想、教学个性与风格,也只有通过对活动流程设计的阐述,才能看到其活动安排是否合理、科学,是否具有艺术性。一般要说清"总共有几大环节""各环节的主要目标"。分环节讲清"教什么""怎样教"——如何保证教学目标的达成,如何保证重点难点的攻克,如何保证所有幼儿最大限度地达成目标。这要从"选择什么教学方法来突破教学的重难点""如何引导幼儿学习""如何训练帮助幼儿在情感、认知、能力等方面获得提高"以及"为什么这样教"这几方面说。在说怎样教的过程中还要说清:环节的时间处理、环节的效果预期、可能出现的问题(如:不同能力水平的幼儿可能出现的差异、与预设不符的情况等)以及如何解决、如何随机渗透,等等。要把教学过程说详细具体,但并不等同于课堂教学实录。对于重点环节,诸如运用什么教学方法突破重难点要细说,一般环节的内容则可少说。尽量避免"师问,估计幼答;师又问,估计幼又答"这种流水账式的说法。

说活动过程的方法,可以是把整个环节的安排先说出来,再逐个说环节,也可以是把一个环节的内容说完后,再依次说下个环节的内容,环节之间尽量用上恰当的过渡语,使整个说课内容融为一体。

### 六、说活动反思

活动反思就是教师自觉地把自己的教学实践,作为认识对象而进行全面而深入的冷静思考和总结,不断对自己的教育实践深入反思,积极探索与解决教育实践中的一系列问题,充实自己,优化教学活动。例如:

在《鹅大哥出门》活动的导入环节,《咏鹅》诗歌朗朗上口,耳熟能详,能激发幼儿的学习兴趣。同时在突破难点上,我通过听故事、看故事、答故事、演故事、说故事,层层深入,引导幼儿逐渐复述故事情节,体会其中的道理。这与《纲要》所倡导的"注重综合性、趣味性、活动性,寓教育于生活、游戏之中"相契合。

# 第二节　五大领域说课稿基本模式

## 健康领域说课稿基本模式

尊敬的各位老师:

大家好! 今天我说课的内容是(小班/中班/大班)健康活动＿＿＿＿＿＿＿(活动名称)。下面我主要围绕说设计意图、说活动目标、说活动准备、说教学方法、说活动过程、说活动反思六个方面来阐述。

### 一、说设计意图

先介绍这个活动来源于幼儿的生活、兴趣、需要,紧接着分析该班幼儿的身心发展特点,《指南》和《纲要》对健康领域(小班/中班/大班)幼儿＿＿＿＿＿＿＿方面的合理期望,在该项目中幼儿目前处于什么样的发展水平,通过教师提供"支架",预期达成＿＿＿＿＿＿＿水平,该活动的价值是什么。

晨间游戏活动时,幼儿进行＿＿＿＿＿＿＿游戏时,对＿＿＿＿＿＿＿活动萌发兴趣,她们有的说＿＿＿＿＿＿＿,有的说＿＿＿＿＿＿＿,围绕这个话题展开激烈的讨论。

幼儿活泼好动,各种动作的发展日趋完善,＿＿＿＿＿＿＿能力增强了很多,＿＿＿＿＿＿＿持久性有了明显的提高。但是(小班/中班/大班)幼儿身体的协调性和平衡能力还不太高,在＿＿＿＿＿＿＿时会出现蹬地腿蹬不直,蹬地不充分,落地时屈膝缓冲过大容易坐到地上的现象。_____是一种能够有效地锻炼幼儿协调能力和平衡能力的运动项目,可以有效改善这些现象,使_____动作更流畅,从而提高幼儿的_____能力。

《纲要》在健康领域明确强调培养幼儿对体育活动的兴趣是幼儿园体育的重要目标。怎样让(小班/中班/大班)幼儿有兴趣地练习(跑/跳/投/掷),并使其能够在增加动作难度的基础上巩固(跑/跳/投/掷)的技能,是当前(小班/中班/大班)幼儿(跑/跳/投/掷)体育活动所需要解决的问题。为此,本次活动创设"_____"的情境,以扮演_____的活动形式来激发幼儿的兴趣,吸引幼儿热情参与活动,以锻炼幼儿的(跑/跳/投/掷)能力。活动的动作训练内容主要是_____,能锻炼幼儿的_____力量、_____协调性和_____灵活性,具有极大的价值。

## 二、说活动目标

### 1. 目标定位

活动的目标是教育活动的起点和归宿。根据(小班/中班/大班)幼儿的年龄阶段特点和基本动作的发展情况,本次活动的目标定位于:

(1) 通过探究模仿(某种动物的)动作,学会_____,掌握正确的_____姿势;

(2) 乐于参加体育活动,体验参与体育活动的乐趣,增强自信心。

### 2. 重点定位

本次活动的重点在于探究模仿(某种动物的)动作,难点在于能有意识地控制_____活动,保持身体动作的协调灵活。

## 三、说活动准备

1. 物质准备。_____是体育游戏活动的材料,它便于_____环节的进行,_____可以增加活动的趣味性。一段较活泼的音乐主要是作为信号,音乐播放时开始活动,音乐停止时停止活动,可用于控制幼儿的运动量。

2. 环境布置。本次体育活动情景创设是_____,场地要求平整。由于活动的训练内容是_____,地面平整才能保证幼儿的安全。

3. 知识经验准备。幼儿认识(某种动物),对它的外形特征和生活习惯有大概的了解。幼儿已有一些_____动作的经验和对(某种动物)的了解,有助于教师迁移新的动作经验,也有利于幼儿更快地学习。教师要熟悉模仿(某种动物)姿势,便于引导活动有目的地进行,及时纠正幼儿的错误动作。

## 四、说教学方法

考虑到体育活动本身的特点及(小班/中班/大班)幼儿的年龄阶段特点,本次活动主要采用了以下几种教学方法:

1. 提问法。在体育活动中采用提问法一方面可以鼓励幼儿自己去探索思考,从而启发他们积极大胆地想象模仿(某种动物);另一方面还有助于了解幼儿基本动作的发展现状。活动开始时通过提问＿＿＿＿＿＿，帮助解决练习＿＿＿＿＿＿的过程中可能出现的部分能力弱的幼儿不容易学会的问题。

2. 情景创设法。活动的主体环节创设了两个情境：＿＿＿＿＿＿和＿＿＿＿＿＿。这使整个体育活动变得更加有趣味，从而激发幼儿的兴趣，使其积极热情地参与体育活动。

此外，我还采用了自主探索法、示范法、重复练习法等对活动加以整合，使幼儿在尝试练习的过程中获得愉悦的经验。

## 五、说活动过程

整个活动我主要设计了五个环节，包括热身进场、自由探索、巩固练习、集体游戏、放松活动。

### 1. 环节一：情景导入，律动热身

热身运动，教师引导幼儿模仿一些动物的动作(例如：蜗牛慢慢地走，螃蟹横着走、小鸭子摇摆着走、小兔蹦蹦跳、小鸟左右飞。)爱模仿是幼儿的一个很重要的心理特点，在这一环节的设置中，我主要抓住了幼儿的这一特点，来提高他们参与活动的兴趣，同时还可达到活动前的热身效果。这还便于引出主要活动内容：＿＿＿＿＿＿。

### 2. 环节二：自由探索，巩固动作

在这一个环节中通过提问，启发幼儿有意识地探索模仿(某种动物)。

(1) 提出问题："小动物是怎么运动的呀？"

此时，教师应尽量启发鼓励自主探索模仿(某种动物)运动的方法，我重点观察幼儿说出该动物运动的比较关键的方法。同时关注幼儿的动作情况，根据幼儿的个体差异，因人施教。

(2) 请几个幼儿进行示范，试一试。

请个别幼儿上来给大家演示模仿小动物运动方式，重点关注幼儿的动作是否协调灵活，着重提示幼儿模仿(某种动物)时要注意哪些动作要领，让幼儿把动作做得更到位。

### 3. 环节三：巩固动作经验

(1) 教师示范，引导幼儿注意动作要领：＿＿＿＿＿＿。

＿＿＿＿＿＿是本次体育活动的重点和难点，教师示范可以巩固幼儿的动作经验，还能起到一定的强调作用。

(2) 引导幼儿练习＿＿＿＿＿＿。教师："那现在我们来当回(某种动物)，把＿＿＿＿＿＿的动作本领学好。"

每个幼儿戴上(道具)，开始自由练习，教师观看幼儿动作是否到位，提醒幼儿注意运动的姿势，及时纠正做错动作的幼儿，再次给予示范。

创设情景"＿＿＿＿＿＿"，巩固＿＿＿＿＿＿的动作。播放音乐，幼儿开始自由练习。

（3）音乐停止，做放松练习。

情境的创设可以激发幼儿兴趣，让幼儿在有趣的情境中把运动的动作进行巩固练习。可根据幼儿运动的情况，将音乐作为一种信号，适时让幼儿停下来休息，调整运动量。活动中教师还要注意观察，指导、鼓励和帮助能力差的幼儿完成动作的学习。此处主要采用了示范法、动作练习法，巩固加深幼儿重点动作的经验，为下一个环节做准备。

### 4. 环节四：模仿动物游戏

请几个幼儿示范模仿（某种动物运动游戏），教师进行引导，让幼儿将动作做得更到位一些。

这一环节是活动的难点，再次创设情景，主要训练幼儿的_____（某种运动技能）。在开始游戏前教师虽有提出明确的要求，但是幼儿往往会记不住，所以就需要教师在活动过程中注意指导。强调安全注意事项，防止碰撞。同时关注幼儿的体力状态，适当调节幼儿的活动量。

### 5. 环节五：放松活动

教师带领幼儿做一些放松舒缓的动作，拍拍腿，甩甩手脚，最后静静地"睡觉"，使原来兴奋的神经逐渐恢复到相对安静的状态，在轻松愉快的气氛中结束活动。

活动延伸：

本次活动结束后我会开展一次亲子运动会，请爸爸妈妈和幼儿一起参加体育运动，体验运动的乐趣；同时，我也会开展一次健康活动_____，引导幼儿_____。

## 六、说活动反思

本次活动设计符合（小班/中班/大班）幼儿的年龄特点，主要体现在：

1. 注重活动的层次。在引导幼儿模仿动作时，我提出了从易到难的要求，每次探索不同的动物的本领，及时捕捉并肯定幼儿有创意的模仿，并给幼儿提供相互学习的机会，成为幼儿活动的支持者，调动了幼儿思维的积极性，使幼儿体验了共同游戏与创作的乐趣。

2. 不断提升兴趣。在_____时，幼儿须遵守游戏规则，教师也参与其中，成为幼儿活动的合作者，使活动达到高潮，提升了幼儿的活动兴趣。

3. 注重体育目标的完成。我在_____活动中特别注重体育方面目标的实现，让幼儿在玩中锻炼，发展了幼儿走、跑、跳等方面的技能，且注重_____（游戏规则）。时刻提醒幼儿这是游戏情境，使幼儿能体验成功的快乐。

另外，活动内容来源于幼儿的生活，可以最大限度地迁移幼儿的已有经验，促进了幼儿学习的积极性，充分发挥了幼儿的主体作用，真正让幼儿大胆想，勇敢做，气氛轻松活跃，玩得尽兴，体现了老师的快乐教学与幼儿的快乐学习。在这样的环境中学习，幼儿的身心也得到了健康发展。

# 语言领域说课稿基本模式

尊敬的各位老师：

大家好！今天我说课的主题是(小班/中班/大班)语言活动＿＿＿＿＿＿。(板书或多媒体展出)

## 一、说设计意图

首先，＿＿＿＿＿＿这一内容情节有趣，形象鲜明突出，语言诙谐有趣，容易引起幼儿的学习兴趣，又可以扩展幼儿的词汇量；其次，现在的孩子由于受生活环境限制，缺乏与周围人相处的经验，普遍存在对周围事物缺乏感情的行为，所以这一内容既符合幼儿年龄特点，又符合其现实需要。因此我设计了此次活动。

## 二、说活动目标

《纲要》在语言领域中提出："发展幼儿语言的关键是创设一个能使他们想说、敢说、喜欢说、有机会说并能得到积极应答的环境"以及要"鼓励幼儿大胆、清楚地表达自己的想法和感受，发展幼儿语言表达能力和思维能力。"根据这一目标和要求，结合(小班/中班/大班)幼儿年龄特点和语言发展水平，我从以下几个方面提出了本次活动的目标：

1. 理解故事的情节、内容，感受作品中主人公善良、美好的角色形象；大胆、清楚地表达自己的想法和感受，乐意参与表演，大胆学说角色对话。

2. 通过交流与表演，能逐步懂得做事要多为他人着想，要互相关心，互相帮助。

3. 乐意参加角色扮演活动，能用不同的方式表达自己对故事或绘本的理解。

## 三、说活动准备

为了更好地服务于本次的活动目标，完成活动内容，我做了以下活动准备：

某些动物的角色教具，教学图片一套，故事课件一套，表演用道具若干个。

## 四、说教学方法

教育心理学认为，"学习者同时开放多个感知通道，比只开放一个感知通道，能更准确有效地掌握学习对象"。根据幼儿的学习情况，本次活动我运用了直观法、提问法、角色游戏等教学方法。

采用直观法是因为这个年龄段的幼儿思维具有明显的具体形象性特点，属于典型的具体形象思维。从幼儿认识事物的特点和语言本身的特点来看，在幼儿园语言教育中贯彻直观性原则非常重要。以看图片、看课件的形式直接刺激幼儿的视听器官，能使学习活动进行得生动活泼，激发幼儿学习的兴趣。

采用提问法是因为提问能引导幼儿有目的地、仔细地观察,启发幼儿积极思考。运用启发性提问让幼儿将看到的具体形象的图片或课件用语言描述出来,是解决活动重点的有效方法。

采用角色游戏法是因为角色游戏是幼儿最喜爱的活动,在幼儿身心略感疲惫时,游戏能增强幼儿参与活动的兴趣。幼儿在进行角色表演时能充分地表现自我,大胆说话。

讨论谈话法能使幼儿在讨论、谈话中无拘无束地说出自己的理解与看法,从而为幼儿提供练习说话的好机会。

## 五、说活动过程

结合幼儿园教育工作原则和本次活动的目标,我设计了以下四个环节:

1. 出示小动物画面,引起幼儿兴趣,引出课题

兴趣是幼儿主动参与活动的关键,开始部分我就以一个孩子们喜欢的角色吸引了他们的眼球,并且通过一个提问直接进入了课题:"今天晚上,小动物要上台表演唱歌,请小朋友帮它想想办法,怎样才能打扮得很美呢?"请幼儿讨论并说一说。

2. 结合图片,分段欣赏故事,理解故事内容

此环节我运用了直观法和提问等方法,把故事进行分段讲述。

通过提问:① 小动物为什么要把自己打扮得很漂亮?

② 小动物到了哪里,看到了什么,它怎么想?

③ 它为什么不用花草打扮自己?

④ 这件事被谁看到了,它们怎么说? 让幼儿理解故事情节。

3. 看课件欣赏故事情节,感受动物的善良美好

此环节其实重在揭示思想内涵,进行情感教育,通过看课件的形式完整欣赏故事,有利于幼儿更形象地欣赏故事,理解故事内涵。同时还运用提问法,引导幼儿去发现本质:小动物耳朵上的绿星到底是什么? 萤火虫为什么要扮成闪亮的绿星停在小动物的耳朵上? 揭示了小动物因为善良美好也得到了萤火虫的回报。请小朋友谈谈自己在生活中如何对待人和事物,进行思想提升。

4. 幼儿进行角色表演

提供给幼儿道具,布置简单的场景,请幼儿自己选择扮演的角色进行故事表演,教师可根据具体情况把故事的叙述部分改成简单的旁白,主要让幼儿练习角色的对话及表演相应的动作。

这一环节能充分满足幼儿的活动欲望,让幼儿在轻松的氛围中学习对话,表达自己的理解,给幼儿提供表现和说话的机会,将整个活动推向高潮,最终实现活动目标的达成。

## 六、说活动反思

本节活动,我以_____为背景,组织教学。在教学过程中,通过提问、课件让幼儿对故事有更好的理解,通过分段欣赏让幼儿有更大的想象空间,我想,幼儿的创造

力是无穷的,幼儿一定会非常喜欢;在活动的后半部分,我设计让幼儿进行角色扮演,通过自己亲身去体验去感受,才能更加清楚地理解故事中的内容,幼儿的表演欲望很强烈,把活动推向了高潮。活动的层层深入帮助幼儿对故事内容有了完整的理解,活动中幼儿的情感得到满足;活动提问促进了幼儿积极动脑,体验语言活动带来的乐趣。通过本次活动,我在语言教学上也有了新的收获,不仅要给幼儿创设一个宽松的语言学习环境,而且也要注意教师的引导作用,以及教师的及时总结。

# 社会领域说课稿基本模式

尊敬的各位老师:

大家好! 今天我说课的课题是(小班/中班/大班)社会领域活动_____。(板书或多媒体课件展出课题)

## 一、说设计意图

《纲要》中指出,在幼儿_____的基础上,帮助幼儿了解自然、环境与人类生活的关系。从身边的小事做起,培养初步的_____意识和行为。_____是"_____"主题活动中的一个内容。

幼儿期的生活还处在他律的阶段,他们并不懂得什么是对的,什么是错的,别人这样做,他们也会这样做。作为幼儿教师应该让幼儿获得正确的情感体验,要让幼儿明白不文明行为对我们的社会、生活所造成的危害,要让幼儿在理解_____的基础上,关注自身的_____的好习惯,使幼儿在内化的过程中成为良好行为习惯的宣传者、执行者,并将良好的习惯泛化到周围人身上,从中找到快乐。选择_____作为教材,使幼儿逐步认识到日常生活中哪些行为是正确的,哪些行为是错误的,错误了怎样改正,激发幼儿良好行为、文明习惯的情感意识和情感行为,为以后思想品德健康发展扣好第一个纽扣。

## 二、说活动目标

根据幼儿的年龄特点及发展水平,本次活动的立意旨在要求幼儿从自身做起,从日常生活点滴小事做起,并在潜移默化中领悟到_____的重要性,进而将_____提升为一种良好的_____。我制定活动目标如下:

1. 了解_____,认识_____,并能初步学会_____。
2. 养成_____的好习惯,建立初步的_____意识。
3. 愿意为_____做一些力所能及的事。

## 三、说活动准备

1. 物质准备:事先收集一些材料,制作教学课件,准备教学录像。

2. 知识准备：请幼儿观察、调查＿＿＿＿＿＿，和父母一起讨论收集有关＿＿＿＿＿＿的资料。

## 四、教学方法

1. 多通道参与法。《纲要》明确指出："能用多种感官动手动脑，探究问题；用适当的方式表达，交流探究的过程和结果。"活动中，我引导幼儿看一看、试一试、比一比、说一说等多种感官参与，不知不觉对自己的成长发生了兴趣。

2. 交流讨论法。当幼儿对自己感受＿＿＿＿＿＿时，让他们互相交流自己的看法，讲述＿＿＿＿＿＿，讨论＿＿＿＿＿＿，不仅让幼儿分享快乐，生生互动，而且能发展幼儿的语言表达能力。

3. 展示法。让幼儿展示＿＿＿＿＿＿，发挥幼儿的主体作用，每个幼儿都获得了表现自我的时机，并对自己的成长充满了期待。

4. 游戏法。游戏是幼儿最喜欢的活动，游戏法能将教育目标和幼儿的兴趣结合起来，激发幼儿的学习兴趣，集中他们的注意力，充分调动幼儿的积极主动性。幼儿园各领域的教学活动中，都可以采用这种方法。

## 五、说活动过程

环节一：了解＿＿＿＿＿＿来源。播放录像，提问讨论："你们喜欢＿＿＿＿＿＿？为什么？＿＿＿＿＿＿怎样产生的？有什么危害？"

环节二：学会＿＿＿＿＿＿处理方法。播放教学软件，认清日常生活中的不良行为习惯，发现其原因，思考我们该怎么做。

环节三：角色游戏，亲身尝试。再次感受不良行为的危害，为正确行为的树立奠定基础。

活动延伸：收集废旧材料，投放在活动区中，实现了空间、时间上的开放式教学，具体内容如下：＿＿＿＿＿＿。

## 六、说活动反思

1. 生活理念的教育。此次选材贴近幼儿的生活，设计理念来源于生活，通过生活中的小事，以小见大，激起幼儿关注＿＿＿＿＿＿，树立＿＿＿＿＿＿意识，并在动手、动脑、动口的活动中，获得了无穷乐趣。

2. 先进的视听教育手段。多媒体技术将图、文、声、像融为一体，形象、生动。

3. 可持续发展理念。一次活动只是一个开始，是其他教育活动的引子。通过本次活动，幼儿更多地关注＿＿＿＿＿＿，这是本次教育的潜在效应，体现了活动的可持续发展。

# 科学领域说课稿基本模式

## 一、科学探索

尊敬的各位老师：

大家好！今天我说课的课题是科学领域中科学探索部分_____。（板书或课件展出课题）

### 1. 说设计意图

_____是（小班/中班/大班）教学活动，是一个_____变化的探究活动。孩子们生活在一个五彩缤纷的世界里，_____变化的奇妙，激发幼儿探索、发现_____变化的欲望，丰富有关_____变化的经验，体验变化的乐趣。

### 2. 说活动目标

本次活动遵循《纲要》的精神，体现幼儿园教育活动以"幼儿发展为本"的原则，符合幼儿爱动手、爱摆弄的年龄特点。通过引导幼儿互相合作，共同探讨，互相交流，在探究中发现，从而培养幼儿的探究意识、探究兴趣和探究能力。因此，本人预设了以下三个活动目标：

（1）主动参与_____操作活动，感受_____的变化；

（2）养成合作意识，激发对科学探究活动的兴趣；

（3）乐意与同伴分享自己对_____变化的发现。

### 3. 说活动准备

活动准备是为完成具体活动目标服务的，同时幼儿是通过与材料的相互作用获得发展的，我给每组幼儿准备了一个_____、一张记录表和一支笔。准备的每一种材料都是要让幼儿通过动手使其发生变化，从而获得启发，得到发展。

### 4. 说教学方法

（1）演示法

观摩小魔术表演，让幼儿观察_____从无到有的变化过程。在记录表的讲解上，通过直观的记录表，更好地为幼儿做示范，让他们清楚地感知操作和记录的方式方法。同时在演示时，本人只示范一种方法，其他的留给孩子们足够的想象、探究空间。

（2）谈话法

主要体现于_____活动和记录结果的小结评价。幼儿在_____和做记录的时候，有的互相交流，有的因角色分配发生冲突，有的意见不统一需要商量等，谈话法促进了幼儿与幼儿之间、幼儿和老师之间的交流，其中也围绕目标渗透了幼儿合作意识的培养。

（3）观察法

科学活动中的观察法是非常重要的，在开头引题激趣环节，幼儿观看小魔术演示，观察了_____从无到有的变化过程,从而产生好奇心和探究欲望;继而又观察了教师示范_____和记录的方法,为下一环节的操作及记录提供了有效的指导依据。

（4）实物操作法

幼儿充分利用教师提供的_____等进行操作,在感知、探究_____的变化过程中,获得有关_____变化的知识经验,充分体验操作的乐趣。

（5）讨论法

科学教育内容要求教师要引导幼儿积极参加小组讨论,培养幼儿合作学习的意识和能力,学习用多种方式表现、交流、分享探索的过程和结果。本次活动,讨论法主要运用于两个环节,一是幼儿_____的角色分工问题;另一处是运用于操作结束后讨论、交流操作结果。

### 5. 说活动过程

（1）观摩小魔术表演

我设计小魔术表演的目的在于让幼儿通过观看表演、观察变化过程,从而产生好奇心,激发求知欲。魔术演示特意请个别幼儿尝试,有的幼儿能发现_____变化,有的幼儿不能发现_____变化,什么原因呢? 把疑问留给幼儿,让他带着疑问进入下一个环节。

（2）幼儿亲手操作

通过观看老师小魔术表演,幼儿已经跃跃欲试,迫不及待地想动手操作,这时,老师通过直观的演示法,把操作步骤教给幼儿,让幼儿在观察中得到启发,同时,老师又没有面面俱到地把所有问题都帮幼儿解决,而是留有一定余地,让幼儿在操作中发现问题,培养他们解决问题的能力。

（3）师幼谈话小结

小结环节能增进幼儿的交流,激发他们表达的欲望,从中渗透幼儿口语表达能力的锻炼,也有利于创设热烈的师幼互动氛围。

（4）应用发现,体验快乐

幼儿利用刚才的探索发现,去合作完成作品,再展示交流,评价完善,不断体验获得成功的快乐。

### 6. 说活动反思

本次活动过程始终以幼儿为主体,创造条件让幼儿积极参与其中,教师为主导,积极调动幼儿的各种感官,让幼儿在活动中,通过看一看、说一说、做一做等各种体验,激发幼儿学习热情,在操作探索中发现_____变化的神秘,感受_____变化的乐趣,从而完成预设目标的要求。

## 二、数学教育

尊敬的各位老师:

大家好! 今天我说课的课题是科学领域中数学教育部分_____。（板书或

课件展出课题)

### 1. 说设计意图

活动的主要内容是(小班/中班/大班)数学教育中的＿＿＿＿＿＿。该内容是在幼儿已经知道＿＿＿＿＿＿的基础上来进行学习的。幼儿对＿＿＿＿＿＿概念不易理解,此次活动通过操作、观察让幼儿反复进行＿＿＿＿＿＿的练习,从而帮助幼儿形成＿＿＿＿＿＿概念。

### 2. 说活动目标

幼儿园数学是一门系统性、逻辑性、应用性很强的学科,有着自身的特点和规律,《纲要》提出:"数学教育必须要让幼儿能从生活和游戏中感受事物的数量关系并体验到数学的重要和有趣;教师要引导幼儿对周围环境中数、量、形、时间和空间等现象产生兴趣,建构初步的＿＿＿＿＿＿概念,并学习用简单的数学方法解决生活和游戏中某些简单的问题。"由此可见生活化、游戏化已经成为构建数学课程最基本的原则。本次学习活动我制定出如下活动目标:

(1) 学习＿＿＿＿＿＿,能够归纳出＿＿＿＿＿＿的关系。

(2) 在观察和比较中,感知＿＿＿＿＿＿。

(3) 能够主动探索,与同伴交流数学兴趣。

### 3. 说活动准备

活动准备是为完成具体活动目标服务,同时幼儿是通过与环境、材料相互作用获得发展的,活动准备必须与目标和活动主体的能力、兴趣、需要等相适应,所以,我既进行了物质准备又考虑到幼儿的学习特点做了知识经验准备。(一般有教具、学具、多媒体课件等)

### 4. 说教学方法

(1) 本次活动属于＿＿＿＿＿＿概念学习,对幼儿园的小朋友来说比较难理解,为了帮助幼儿掌握学习重点,突破学习难点,本次活动在教法上力求体现以下几点:

① 创设生动具体的教学情境,使幼儿在愉悦的情景中学习数学知识。

充分利用教材提供的教学资源,结合活动室里的环境,充分利用生动有趣的故事情节为幼儿展现每一环节的活动过程,激发幼儿的学习兴趣,调动幼儿的情感投入,激活幼儿原有知识和经验,以此为基础展开思考,自觉地构建知识。

② 鼓励幼儿独立思考、自主探索和合作交流。

动手实践、自主探索和合作交流已成为幼儿学习数学的重要方式。在活动中,幼儿在具体的操作中进行独立思考,并与同伴交流,亲身感悟知识的生成过程,体验学习成功的乐趣。

③ 尊重幼儿的个体差异。

由于幼儿的生活背景和知识水平不同,在参与教学活动的过程中,教师要注意对个别幼儿进行加强辅导,因材施教。

(2) 依据《指南》和《纲要》的精神,必须转变幼儿的学习方式,在本次活动中幼儿的学习方法上力求体现:

① 在具体的情境中幼儿亲身学会解决问题,体验探索的成功、学习的快乐。

② 在动手操作、独立思考、进行个性化学习的基础上,开展同伴交流活动,通过互助,让幼儿构建学习方法。

③ 通过灵活、有趣的游戏,巩固新旧知识,提高数学技能。

④ 通过观察进行归纳和推理,发展初步抽象逻辑思维能力。

5. 说活动过程

(1) 创设情境,游戏导入。

这样的设计是遵循"游戏是幼儿的主要活动"的原则,重在激发幼儿参与活动的兴趣。

(2) 自主探索,合作交流。

通过抛出贴近生活的数学问题,激发幼儿的探索兴趣。正如《纲要》中指出:"让幼儿学习用简单的数学方法解决生活和游戏中某些简单的问题。"(小班/中班/大班)幼儿具有活动的积极性、自主性和创造性特点,我安排了操作_____活动,让幼儿在操作中自主探索、交流分享,启迪幼儿的智慧。

(小班/中班/大班)幼儿的抽象逻辑思维开始萌芽,在认识事物方面,不仅能够感知事物的特点,而且能够进行初步的归纳和推理。本班幼儿好学、好问,喜欢有挑战性的学习内容。学习内容要有适当的难度,要有一定的挑战性,我设计了归纳_____关系这一环节,目的是让幼儿"在跳一跳够得着的地方"进一步提升他们对_____概念的认识。

(3) 知识应用,拓展提升。

设计这一环节的意图是让幼儿将所掌握的知识应用于实际当中,引导幼儿对周围环境中数、量、形、时间和空间等现象产生兴趣,同时要求他们进行记录并和同伴交流,发展他们的表达能力、合作能力。

(4) 角色游戏,体验快乐。

例如:在学习5的分解与组成后,引出《鸭子走》的游戏:1只鸭子前面走,4只鸭子后面走;2只鸭子前面走,3只鸭子后面走,这样的游戏让幼儿兴致浓浓地结束本次活动,再一次体验成功的快乐。

(5) 活动延伸

好的教育活动不是特定的某一次活动,而是一个长期、持续的过程,特别是对幼儿能力、习惯的培养,活动的延伸不可缺少。因此,我将把_____投放进科学活动区域,引导幼儿在日常生活中自我操作进行活动延伸,帮助幼儿把本次活动中学到的知识继续提升。

6. 说活动反思

幼儿学习掌握_____使数群概念得以发展,进一步理解数之间关系的标志,也为幼儿学习加减运算打下基础。在_____教学活动中,我为幼儿提供了多种操作实物,让幼儿通过自身的探索、操作活动获取有关_____的经验,并引导幼儿用所学的数学知识去解决生活中实际问题,使学与用结合起来。

# 艺术领域说课稿基本模式

## 一、音乐活动

尊敬的各位老师：

大家好！今天我说课的内容是(小班/中班/大班)音乐活动＿＿＿＿＿＿(活动名称)。下面我主要围绕说设计意图、说活动目标、说活动准备、说教学方法、说活动流程、说活动反思六个方面来进行说课。

### 1. 说设计意图

(1)《纲要》中指出：幼儿是教育活动的积极参与者，活动内容必须与幼儿的兴趣、需要及实际能力相吻合，以引导幼儿向最近目标发展区发展。在幼儿园教学活动中，游戏是幼儿最喜欢的活动方式，音乐游戏能反映幼儿的生活和他们的情趣。＿＿＿＿＿＿的音乐流畅、动听、节奏鲜明，具有动作性和故事性，富有情趣，音乐诙谐、幽默，深受幼儿喜欢。结合(小班/中班/大班)幼儿的年龄特点及其爱好，我设计了音乐游戏＿＿＿＿＿＿＿＿＿＿。

(2)依据《纲要》目标中指出的"积极运用语言、动作、表情等方式进行创造性表现和表达"，在认真研究分析教材的基础上大胆对教材进行创编，让幼儿的创造性思维得到进一步的发展。在活动中，我以游戏的形式贯穿活动始终，让幼儿在与环境的交互作用下获得发展。

### 2. 说活动目标

根据《纲要》和教学内容，结合幼儿的实际发展水平，我拟定了适合幼儿发展的三个目标：

(1)在熟悉歌曲旋律的基础上，学唱游戏歌曲。

(2)通过听故事、看木偶演示等活动，创编游戏动作，学会游戏的玩法。

(3)能遵守游戏规则，体验游戏诙谐、幽默的愉快情趣。

### 3. 说活动准备

(1)知识经验的准备：熟悉＿＿＿＿＿＿的旋律，丰富幼儿的生活经验。

(2)物质准备：各种道具、材料等；创设需要的游戏环境。

### 4. 说教学方法

本次活动中我运用了启发提问法、引导发现法、观察法、游戏法等。教师用启发、引导的方式，充分调动幼儿学习的积极性，并以游戏的方式贯穿活动的始终，再加上形象、生动的故事，幼儿在游戏中获得知识，习得经验，真正体现玩中学、学中玩的乐趣。

### 5. 说活动过程

(1)创设情景，激发兴趣。

出示＿＿＿＿＿＿，引起幼儿兴趣。"小朋友你们看这是谁？""噢，小动物告诉我它准备去干一件事,它要去干什么呢? 我们一起去看看吧!"

此环节出示小动物引起幼儿的兴趣,并且用启发提问的方法为下一环节_____
____做铺垫。

（2）提问引导,熟悉歌词。（木鱼伴奏）

这个环节运用讲故事的方法引导幼儿熟悉歌词,理解歌词,为创编动作做铺垫。

（3）伴随节奏,学唱儿歌。

教师带领幼儿一起有节奏地念唱儿歌,加深幼儿对歌词的印象。

（4）创编动作,记忆歌曲。

此环节中幼儿有模仿,有创新,幼儿的创造性思维得到发展,同时也体验到与同伴游戏的快乐,自主、创新的现代儿童的学习方式得到充分体现。

（5）角色扮演,共享快乐。

在此游戏环节,教师运用语言提示的方法帮助幼儿掌握游戏动作,提醒幼儿遵守游戏规则,引导幼儿做出与音乐节奏相符的各种得意的样子。

（6）活动延伸

活动结束后,在活动区准备了各种小动物的头饰,幼儿可以进行表演。

### 6. 说活动反思

通过丰富多彩的教学手段,结合音乐本身的要素,让幼儿感受到不同的音乐形象,每个人都有自己学习音乐、享受音乐的方式,音乐是情感的艺术,只有通过音乐的情感体验,才能达到音乐教育"以美感人、以美育人"的目的。幼儿的演唱效果很好。在实践过程中,培养了幼儿的审美能力和创造能力。通过成功的音乐活动,幼儿对音乐活动的兴趣得到提升,一些能力较为弱的孩子对音乐活动的自信心也得到了提升。

## 二、美术活动

尊敬的各位老师:

大家好! 今天我说课的内容是(小班/中班/大班)美术活动_____（课题）。下面我从说设计意图、说活动目标、说活动准备、说教学方法、说活动过程、说活动反思等几个方面来进行说课。

### 1. 说设计意图

_____的内容一般反映了_____意识和审美情趣,它可以陶冶一个人的情操,提高审美能力。发展幼儿绘画时,要培养孩子用不同的材料进行绘画,培养孩子对绘画的兴趣,提高孩子的审美能力,初步感受_____笔墨的浓淡变化,所以我设计这节_____活动。

### 2. 说活动目标

（1）初步了解_____画及作画时所需要的工具;

（2）能用正确执笔姿势画出_____特征;

（3）对_____画产生兴趣,并能大胆作画。

**3. 说活动准备**

为了让幼儿更好地了解_____画,我准备了_____多媒体课件;旧报纸、墨汁、毛笔、颜料、调色盘、宣纸等人手一份;小围裙等。

**4. 说教学方法**

本次活动我所用的教法有引导法、观察法、直观演示法、讨论交流法、观察法、实际操作法。

**5. 说活动过程**

为了幼儿更好地学习这节课,我设计了六个环节。

环节一:出示图片,引出主题。

为了引起幼儿兴趣,我是这样设计的:"小朋友,今天,老师给你们带来了几幅画,咱们先来欣赏一下。"请幼儿说出图片上的内容,然后把两组图片放在一起,请幼儿仔细观察。"这几幅画给人的感觉一样吗? 什么不一样的? 这几幅画是用什么画的?"请幼儿分组进行讨论,引出主题。

环节二:介绍材料,了解用途。

教师介绍工具名称及用途(多媒体课件出示)。让幼儿摸一摸自己的绘画工具,介绍有关工具的用途,并尝试着练习执笔的姿势,教师可以帮助幼儿学会正确的执笔姿势。

环节三:出示实物,教师展示。

首先在桌子上铺一张旧报纸,把宣纸放在报纸上(防止墨汁渗透弄脏桌子),将少量墨汁倒入调色盘中(提醒幼儿要小心,不要将墨汁溅出),拿起毛笔,用笔尖蘸少量墨汁(提醒幼儿正确的执笔姿势,蘸墨汁时不要蘸太多,蘸完后在调色盘上抹一抹,防止墨太多,弄脏宣纸),然后在宣纸上画出小动物的身体(提醒幼儿注意把握小动物的特征及身体比例)。教师画好后,将画放在一边晾干(提醒幼儿要小心,墨汁还没有干,纸还很湿,一定要轻拿)

环节四:自由作画。

"小朋友,刚才看了老师作画,想不想自己试一试,你们肯定会比老师画得好。"

(1)请一名幼儿总结教师刚才作画的步骤及画画时注意的事项。

(2)先请一名幼儿进行试画,让其他幼儿注意观察这名幼儿在作画时存在什么问题并提醒自己画的时候也要注意。幼儿画完以后,教师就幼儿绘画中出现的问题进行总结。

(3)让幼儿先在旧报纸上练练笔,体会墨的浓淡变化以及笔尖、侧锋、中锋画出的效果。

(4)鼓励幼儿大胆创新,添画其他景物。

(5)幼儿作品完成后,先让幼儿讨论画完画后应该做些什么,然后指导幼儿将桌面收拾干净,把工具摆放整齐,将画小心晾干。

环节五:活动结束,欣赏交流。

(1)将幼儿作品贴于展板,让幼儿互相欣赏,相互交流画完画后的感受,请几名幼儿点评一下其他幼儿的作品。

（2）老师进行总结：今天小朋友表现得非常棒，咱们不仅了解了_____画，知道了_____的绘画工具，而且还用这些工具画出了这么棒的一幅图画，真是了不起，以后通过练习，小朋友肯定会画得越来越好。

环节六：活动延伸。

幼儿将自己的作品带回家让家长欣赏，并请家长帮忙搜集关于_____画的其他资料和图片，并与同伴分享。

### 6. 说活动反思

在教师的指导下，幼儿根据自己的意愿进行选择，这给幼儿提供了自由绘画、自由发展的机会。幼儿在与教师互动、与环境互动的过程中，按照自己的学习方式，主动探索、发现，获得了成功的体验，并且个性也得到了发展。

课后练习

1. 幼儿园说课稿的一般框架是什么？在说设计意图部分主要围绕哪些方面进行阐述？

2. 幼儿园"五大领域"说课稿基本框架是什么？它与一般框架之间有何区别与联系？

# 第四章

# 幼儿园说课案例

 **学习目标**

1. 知道"五大领域"说课稿结构及基本要求。
2. 了解同一个"领域"说课稿在小、中、大班的差异。
3. 学会撰写说课稿。

## 第一节　健康领域说课案例

### 小班健康活动《认识五官》说课稿

说课视频

尊敬的各位老师,大家好!今天我说课的题目是小班健康活动《认识五官》,下面我主要围绕说设计意图、说活动目标、说活动准备、说教学方法、说活动过程、说活动反思六个方面来进行说课。

#### 一、说设计意图

近期观察发现,我班部分幼儿经常用手挖鼻孔,把东西放到嘴里,没洗手就去揉搓眼睛。《指南》健康领域的学习与发展目标指出,幼儿阶段是儿童身体发育和机能发展极为迅速的时期,为有效促进幼儿身心健康发展,应帮助幼儿养成良好的生活与卫生习惯。为了能让孩子们更好地认识五官,知道五官的用途,养成爱护五官的好习惯,我设计了小班健康活动《认识五官》。

#### 二、说活动目标

活动目标是教育活动的起点和归宿。《指南》目标要求提醒幼儿保护五官,如不乱

挖耳朵、鼻孔。根据小班幼儿的年龄阶段特点和已有生活经验,本次活动的目标定位为:

1. 能正确说出五官的名称,了解五官准确的位置。
2. 知道五官的作用,懂得保护五官的方法。
3. 逐渐养成爱护自己五官的好习惯。

根据以上目标和本班幼儿的学习特点,本次活动的重点是知道五官的作用,懂得保护五官的方法;活动难点是逐渐养成爱护自己五官的好习惯。

### 三、说活动准备

《纲要》指出要"提供丰富的可操作材料,为每个幼儿都能运用多种感官、多种方式进行探索提供活动的条件",为了确保本次活动的顺利开展,依据《纲要》我做了两方面的活动准备。一是物质准备:《五官歌》音频、PPT,二是经验准备:幼儿对五官有一定的了解与认识。

### 四、说教学方法

《纲要》中指出"教师应成为幼儿学习活动的支持者、合作者、引导者",在活动中力求"合作式探究学习方式"。因此,在本次活动中我主要采用观察法、提问法以及情景式教学法,通过对这三种教学法的整合交替使用,让幼儿与多媒体中的形象进行对话,激发幼儿的学习兴趣,从而达到预期的教学的效果。

### 五、说活动过程

在整个活动我主要设计了四个环节,包括韵律导入,引发兴趣—观看视频,了解作用—情景游戏,保护五官—手指游戏,结束活动。

环节一:韵律导入,引发兴趣。

活动通过韵律《五官歌》进行导入,从而激发幼儿的兴趣,活跃课堂气氛,同时引出主题。

环节二:观看视频,了解作用。

首先,教师通过播放视频,介绍出五位小客人,而这五位小客人都分别少了一种五官。教师提问:"哪个小客人闻不到味道?"幼儿找出没有鼻子的那个小客人,教师再提问:"我们的鼻子是用来干什么的?"通过观察与提问的方式,和幼儿一起探索五官的作用,如此类推,剩下的四种五官也是这样进行学习。

环节三:情景游戏,保护五官。

首先,通过多媒体中的人物,告诉幼儿为什么他们的五官分别离开了他们。

为了能让尽量多的幼儿都有参与游戏的机会,通过 PPT 图片以及音频的结合,让每位小客人轮流出现,每位小客人都和幼儿进行问答对话。

环节四:手指游戏,结束活动。

通过手指小游戏结束活动,再次巩固幼儿对五官的认知。

教师说:"鼻子鼻子,在哪里?"

幼儿就边指着鼻子边回应,在游戏中自然结束。

本次活动结束后幼儿可以和爸爸妈妈分享五官保健的方法,养成良好的五官保健习惯。

### 六、说活动反思

本次活动充分尊重小班幼儿的年龄特点及已有经验,采用观察法、提问法以及情景式教学法突出重点、突破难点来完成教学目标。小班幼儿主要是直观行动思维,通过情境表演的方式帮助幼儿学习保护五官的方法,通过手指游戏巩固对五官的认识,符合小班幼儿的学习特点。不足之处在于,可能通过一次活动,幼儿不能养成爱护五官的好习惯,希望通过后续系列活动,逐渐养成幼儿爱护自己五官的好习惯。

我的说课完毕,谢谢各位评委老师!

## 中班体育活动《我是小小物资运送员》说课稿

说课视频

尊敬的评委老师,大家好! 我今天说课的内容是中班体育活动《我是小小物资运送员》。接下来我将从说设计意图、说活动目标、说活动准备、说教法学法、说活动过程、说活动反思等六个方面进行我的说课。

### 一、说设计意图

《纲要》明确指出应在体育活动中培养幼儿坚强、勇敢、不怕困难的意志品质和主动、乐观、合作的态度。因此,顺应幼儿的兴趣需要,基于幼儿的已有经验和身心发展水平,我生成了本次活动《我是小小物资运送员》,希望在体育游戏中促进幼儿身心健康发展。

### 二、说活动目标

结合最近发展区理论,我制定了如下的活动目标:

1. 知道闯关游戏的基本步骤,了解过赛道的方法。

2. 尝试合作,能在较窄的低矮平衡木上平稳地走一段距离,并通过层层关卡,成功运送物资。

3. 在游戏中感受物资运送员的辛苦。

我认为本次活动的重点是探究过赛道的方法,难点是能通力合作,保持平衡,成功运送物资,在游戏中感受物资运送员的辛苦。

### 三、说活动准备

为了更好地实现活动目标,物质准备有安全软垫、平衡木、荡桥,皮球等。同时幼儿需要有观看过救灾宣传视频的前期经验准备。

## 四、说教学方法

根据《指南》《纲要》精神，我将充分尊重并发挥幼儿的主体性，运用了情境法、游戏法、讨论法等方法促进活动的顺利进行。

## 五、说活动过程

本次活动共分为四个环节，包括情景导入，韵律热身；自主尝试，积极探索；闯关挑战，运送物资；伸展放松，整理器材。

环节一：情景导入，韵律热身。

首先我会创设运送救灾物资的情境："我是小小运送员，物资运送员，我要把物资送到灾区。今天我们都是小小物资运送员，让我们通过层层挑战运送物资，为救灾贡献自己的力量吧！"这里运用了情境法，播放音乐《做早操》，在韵律活动中进行热身，预计用时3分钟。

环节二：自主尝试，积极探索。

步骤一：观察赛道，初步尝试。教师引导："这就是我们去灾区要经过的关卡，我们该怎么通过呢，一起来试一试吧。"幼儿观察赛道，自由尝试。

步骤二：积极思考，探究玩法。在活动中会充分发挥幼儿的主动性，让幼儿自由讨论平衡木可以怎样通过呢。"遇到平衡木我们可以用什么样的方式更加容易通过呢？""天天说我们可以走过去，芳芳说也可以爬过去。"同时我也会尊重幼儿的想法，鼓励他们大胆尝试，并运用到接下来的闯关游戏中。该环节预计用时10分钟。

环节三：闯关挑战，运送物资。

游戏开始前我会提醒幼儿两两一组保护好物资，并创设运送物资的情境，幼儿在趣味情景开展闯关游戏。

关卡一：穿越暴风雨。"小朋友们暴风雨来啦，为了保护我们的物资，需要小朋友两两一组，相互拥抱夹运物资到达第一关的终点，小朋友们，你们有没有信心？"

关卡二：勇闯独木桥。《指南》中指出，4～5岁幼儿能在较窄的低矮物体上平稳地走一段距离。为了增加挑战性，这一关同组的两名幼儿需同时走上两个平行的且距离较近的平衡木，相互配合拖住物资，同步向终点移动。

关卡三：难度升级，幼儿需在上一关过关方式的基础上，相互配合跨过平衡木上的障碍物，最后慢慢移动到终点。

活动过程中，我会密切关注幼儿的表现，提醒幼儿注意安全，增强安全意识，并对于个别遇到困难的幼儿给予引导和帮助，鼓励他们不怕困难，勇敢前进。成功运送物资后，我将引导幼儿谈谈运送物资的感受，进一步感受物资运送员的辛苦。

该环节有利于突破活动的重难点，达成活动目标，预计用时15分钟。

环节四：伸展放松，整理器材。

活动进行到此，幼儿的身体已经非常疲惫了，因此我设置了放松小游戏，在舒缓的音乐中引导幼儿同伴互助,捏捏肩,甩甩手,抖抖腿,最后整理器材,自然结束。

本次活动结束后我会开展一次亲子运动会,请爸爸妈妈和幼儿一起参加体育运动,体验运动的乐趣;同时,我也会开展一次健康活动《体育安全我知道》,引导幼儿在快乐运动的同时保护好自己。

### 六、说活动反思

在活动实施过程中,我会根据幼儿的现场反应灵活调整,尽力处理好预设和生成之间的关系,希望幼儿能在自由、自主、愉悦、创新的游戏中全面发展,成为更好的自己。

我的说课完毕,谢谢各位评委老师!

说课视频

# 大班健康活动《换牙庆祝会》说课稿

各位评委老师,大家好! 今天我说课的课题是大班健康活动《换牙庆祝会》。接下来我将从说设计意图、说活动目标、说活动准备、说教学方法、说活动过程、说活动反思六个方面进行我的说课。

### 一、说设计意图

换牙对于幼儿来说,是成长的标志,大班幼儿正处于换牙期,但是他们对换牙的了解并不多,近期班级很多幼儿处于换牙阶段,他们既好奇又害怕,而且由于生活水平的提高,很多幼儿常吃甜食,却没有保护牙齿的意识,导致有蛀牙的幼儿很多。《纲要》中倡导:幼儿园健康教育要根据幼儿身心发展特点,通过适宜有效的多种活动,提高幼儿的健康认识水平,改善幼儿健康的态度,培养幼儿的健康行为,最终帮助幼儿形成良好的健康生活方式。为此,在换牙初期,学习保护新长出的牙齿就显得非常重要。为此,我设计了该教学活动,让幼儿认识换牙是一种正常生理现象,不必担心害怕。同时也要学会保护牙齿的方法,为养成健康的生活方式打下良好的基础。

### 二、说活动目标

根据大班幼儿抽象逻辑思维能力已经萌芽的年龄特点和对活动的整体考虑,我制定了以下活动目标:

1. 关注自己换牙的过程,知道换牙是正常的生理现象,不必担心害怕。
2. 初步了解乳牙和恒牙是不同的,学习保护新牙的正确方法。
3. 能保护好自己新长出来的牙齿。

我认为本次活动的重点是知道换牙是正常的生理现象,不必担心害怕;难点是学习保护新牙的正确方法,能保护好自己新长出来的牙齿。

### 三、说活动准备

为了更好地达成活动目标,使活动呈现出趣味性,寓教育于情境游戏中,我做了物质和经验两方面的准备。

1. 经验准备

幼儿有过换牙的经验。

2. 物质准备

用泡沫板制作的牙齿模型、乳牙模型、恒牙模型、幼儿操作材料、教学挂图《换牙庆祝会》。

### 四、说教学方法

《纲要》中指出"教师应成为幼儿学习活动的支持者、合作者、引导者",为了促进幼儿探究学习,本次活动采取相互尊重、协调、交流、共同构建的方式,主要采用的教学方法有讨论法、调查法、情境表演法、操作法等。

### 五、说活动过程

本次活动分为四个环节。包括环节一调查导入,唤起换牙经验;环节二回忆交流,分享换牙经历;环节三欣赏表演,了解恒牙乳牙及换牙过程;环节四演一演,学习保护牙齿的方法。

环节一:调查导入,唤起换牙经验。

本环节幼儿通过观察"幼儿换牙人数"调查表,唤起自己的相关经验,引发对活动的兴趣。该环节我首先引导幼儿一起观看"幼儿换牙人数"调查表,提问换过牙的幼儿:"换牙时,你有什么感受?"其次,请幼儿自由发言,自由表达换牙时的感受。最后,师幼共同小结,每个人长到五六岁的时候就会换牙,换牙是一件很正常的事情,说明我们长大了。该环节预计用时4分钟。

环节二:回忆交流,分享换牙经历。

此环节教师邀请换牙的小朋友分享换牙的过程。幼儿自由结伴,回忆交流自己换牙的过程,交流时,可以观察换下的乳牙和换牙的照片,进一步丰富换牙的感受和体验。该环节预计用时6分钟,通过环节一和环节二,达成活动目标1。

环节三:欣赏表演,了解恒牙乳牙及换牙过程。

该环节我分为三个步骤进行。

步骤一:幼儿欣赏情景表演,初步理解恒牙和乳牙的不同及换牙的过程。在进行情境表演时,我会通过操作的方式演示乳牙掉落、恒牙长出的过程。

步骤二:在欣赏情境表演的基础上,我会结合幼儿操作材料和教学挂图《换牙庆祝会》,通过提问、讨论等方式让幼儿了解恒牙和乳牙的不同,了解换牙过程。

步骤三:幼儿观看操作材料《换牙庆祝会》,学习保护牙齿的正确方法。总结在换牙的过程中要早晚刷牙、不舔牙、不摇刚长出的恒牙。

该环节预计用时 15 分钟,通过该环节达成目标 2。

环节四:演一演,学习保护牙齿的方法。

教师请幼儿分小组进行情境表演,在情境表演的过程中深入了解换牙的过程,并学会保护牙齿的方法,该环节预计用时 8 分钟,达成目标 3。

本次活动结束后,我将延伸到日常生活中,引导幼儿用平常心对待换牙,帮助幼儿顺利度过换牙阶段。我还延伸到区域活动中,在阅读区投放有关"牙齿"的图书,进一步丰富幼儿保护牙齿的经验;在科学区,引导幼儿做"蛀牙"实验,了解酸性物质会导致蛀牙。最后,进行家园合作,提醒家长发现孩子有换牙倾向时,帮助孩子放松心情,密切关注换牙期孩子的情绪变化。

### 六、说活动反思

在活动实施过程中,我根据幼儿的已有生活经验设计小调查引起幼儿参与活动的兴趣,导入形式比较新颖有趣。活动过程中采用幼儿喜欢的方式欣赏表演和情境表演来达成活动目标,完成重难点。整个活动过程尊重幼儿的兴趣需要,尊重幼儿的最近发展区,在儿童原有水平上建立支架,促进幼儿向更高水平发展。不足之处可能在情境表演准备工作方面还需要加强。

我的说课完毕,谢谢各位评委老师!

# 第二节　语言领域说课案例

## 小班语言活动《谁咬了我的大饼》说课稿

各位评委老师好,我说课的题目是小班语言活动《谁咬了我的大饼》,我将从说设计意图、说活动目标、说活动准备、说教学方法以及说活动过程等几个方面来阐述对本次活动的理解和认识。

### 一、说设计意图

《谁咬了我的大饼》是一个轻松诙谐的故事。小猪发现它的大饼被咬了,到底是谁干的? 随着故事推进,故事里出现了不同的小动物和他们的咬痕,幼儿在寻找着"蛛丝马迹"的同时,自然地被激发仔细观察的能力。《纲要》中指出:"教育内容的组织应充分考虑儿童的学习方式和特点,注重综合性和趣味性。"本故事中重复式的对话句式非常符合小班幼儿的学习特点,能引导幼儿在轻松的故事情境中进行大胆表达,从而培养幼儿愿意说、大胆说的语言习惯。

## 二、说活动目标

根据以上的分析、思考及小班幼儿的年龄特点,依照《纲要》要求,我从情感、认知、技能三方面来制定这次活动的目标。

1. 感受故事的诙谐幽默,愿意表达猜想。《指南》中指出,小班幼儿关于阅读理解能力的目标包括"会看画面,能根据画面说出图中有什么、发生什么事等"。本次活动旨在通过生动有趣的故事,激发幼儿的兴趣,使幼儿积极参与思考与表达,因此制定此目标。

2. 初步了解动物的咬痕是不一样的。《指南》指出,小班幼儿应能注意并发现周围的动植物是多种多样的。本次活动通过故事内容引发思考,在阅读中对比动物的牙齿与咬痕,涉及科学领域的知识,因此制定了此目标。

3. 尝试模仿故事中的角色对话。本次活动重复式的对话句式适宜小班幼儿理解故事内容,加深记忆并激发模仿的兴趣,因此制定本目标。

本次活动通过故事的引导,不仅让幼儿感受了绘本内容的趣味性,激发对重复式对话的模仿欲望,还让幼儿了解到"动物的咬痕是不同的"这一科学知识,因此,本次活动的重点在于了解动物的咬痕是不一样的,模仿角色对话。

幼儿观察动物嘴巴的形状以及牙印的形状,找出它们的对应关系,对小班幼儿来说需要教师引导前后比较,发现画面前后两者的不同,帮助梳理,因此本次活动的难点是将动物的咬痕与牙齿、嘴型相匹配。

## 三、说活动准备

1. 经验准备:幼儿对三角形、圆形、方形有一定的了解,知道咬痕是什么。这些基本知识和概念将有助于幼儿在活动中更好地理解故事情节和观察动物的咬痕。

2. 课件准备:"小猪的大饼"图片、《谁咬了我的大饼》故事音频及图片、《谁咬了我的大饼》故事视频、"连一连"图片。这些材料可以帮助幼儿更直观地理解故事内容,感受绘本的趣味性。

3. 物质准备:动物们的牙印,延伸活动中幼儿可以继续表演这个绘本故事。

## 四、说教学方法

本次活动中采用了以下教法:

(1)启发式教学法。教师通过引导和提问激发幼儿的学习兴趣和思考能力,引导幼儿发掘问题的解决方法,从而激发幼儿的学习主动性。

(2)直观教学法。通过播放故事《谁咬了我的大饼》音频、图片和视频,让幼儿在轻松愉快的氛围中感受故事的诙谐幽默。这种方法有助于培养幼儿对故事的兴趣,同时让他们更好地理解故事情节和动物的特点。

本次活动中涉及的学法有以下几种:

(1)观察法。幼儿通过观察画面信息,感知动物的牙印,从中获取信息和思考问题。

(2)听说法。幼儿听故事、观察故事图片并回答问题、交流讨论,提高理解能力和表达能力。

(3)表演法。幼儿扮演故事中的角色,模仿故事对话,增进对故事的理解,提高口语表达的能力,同时更深入地理解不同动物的咬痕特点。

### 五、说活动过程

为了完成活动目标,解决教学重点,突破教学难点,我按以下四个环节展开活动。

1. 出示图片"小猪的大饼",激发幼儿好奇心。

2. 播放故事音频及图片《谁咬了我的大饼》,引导幼儿欣赏故事并感知不同动物的咬痕是不一样的,并尝试模仿故事对话。

(1)播放故事音频及图片《谁咬了我的大饼》第一、二段,引导幼儿观察小鸟嘴型与大饼上咬痕的对应关系,模仿故事对话。

(2)播放故事音频及图片《谁咬了我的大饼》第三段,引导幼儿观察兔子的嘴型和牙齿与大饼上咬痕的对应关系,模仿故事对话。

(3)播放故事音频及图片《谁咬了我的大饼》第四段,引导幼儿观察狐狸的嘴型和牙齿与大饼上咬痕的对应关系,模仿故事对话。

(4)播放故事音频及图片《谁咬了我的大饼》第五段,引导幼儿观察鳄鱼的嘴型和牙齿与大饼上咬痕的对应关系,模仿故事对话。

(5)播放故事音频及图片《谁咬了我的大饼》第六段,引导幼儿观察河马的嘴型和牙齿与大饼上咬痕的对应关系,模仿故事对话。

(6)播放故事音频及图片《谁咬了我的大饼》第七段,引导幼儿知道是小猪自己咬了大饼。

3. 播放故事视频《谁咬了我的大饼》,引导幼儿进一步理解故事内容。

4. 出示情景图片"连一连",引导幼儿配对咬痕和动物嘴型。

(1)请幼儿观察不同饼干的缺口形状。

(2)引导幼儿将不同缺口形状的饼干与对应的动物头像相连接。

### 六、说活动延伸

我在区角活动中投放了以下材料:

1. 在语言区投放故事图片"谁咬了我的大饼",引导幼儿看图讲述故事。

2. 在表演区投放教具"动物们的牙印"及《谁咬了我的大饼》故事音频,鼓励幼儿表演故事内容。

### 七、说活动反思

《谁咬了我的大饼》的核心目标在于尝试模仿故事中的角色对话,了解不同动物的咬痕是不同的。故事内容充满童趣,悬念不断,深深吸引着小班幼儿的目光,让幼儿直观地感受到不同动物有不同的咬痕。简单又充满重复性的对话,符合小班幼儿年龄特点,易模仿表现,活动整体效果较好。

以上便是我说课全部内容,感谢各位评委老师。

# 中班语言活动《小乌龟开店》说课稿

各位评委老师好,我说课的题目是中班语言活动《小乌龟开店》,我将从设计意图、活动目标、活动准备、教学方法以及活动过程等几个方面来阐述对本次活动的理解和认识。

## 一、说设计意图

《纲要》语言领域中强调要养成幼儿注意倾听的习惯,发展语言理解能力,要鼓励幼儿表达自己的感受,发展语言表达能力。在日常生活中,幼儿对小动物感兴趣,而《小乌龟开店》中的动物个性鲜明,更能引发他们的兴趣。通过本次活动,幼儿在想一想、玩一玩、演一演的过程中,了解故事中每个动物都能发挥自己的特长帮助别人,从而自己也愿意用自己的特长帮助他人。

## 二、说活动目标

根据《纲要》中语言领域的要求,我从认知、情感、技能三方面设计以下目标:

1. 理解故事中的内容,能够初步复述故事内容。(认知)
2. 能根据动物特征大胆想象表达,帮助小乌龟开店。(技能)
3. 能够大胆表达自己的想法感受,并能乐于用自己的特长为别人服务。(情感)

根据中班幼儿的年龄特点及我班幼儿的具体情况,我确定重难点如下:

活动重点:了解故事中动物开店的原因,知道要根据自己的特长开店。

活动难点:知道发挥自己的特长帮助他人。

## 三、说活动准备

环境是重要的教育资源,应通过环境的创设和利用完成目标,解决重难点,因此我做了如下准备:乌龟、大象等动物的图片,鲜花店、气球店情景图,小乌龟、大象、河马、袋鼠头饰。

## 四、说教学方法

教学方法是开展幼儿语言活动的有效手段,是激发幼儿兴趣、传递有效信息、实现语言教育目标的重要手段。在教学活动中,我采用以下教法:

1. 讲解法。教学过程中,我始终围绕小乌龟、河马、大象、袋鼠开什么店以及它们有什么特长展开,让幼儿了解谁开什么店,有什么特长。

2. 游戏法。游戏是幼儿最喜欢的方式,教学过程中,让幼儿以游戏的方式学习故事,例如把店与动物连线,幼儿有兴趣参与游戏。

3. 情景表演法。为了激发幼儿的兴趣,加深对故事的理解,让幼儿进入故事的情景,采用角色表演,既能使幼儿了解故事,体验其中的情感,又能发展幼儿的语言能力。

本次活动采取的学法有以下几种:

1. 多种感官参与法。在活动中,幼儿通过眼看、耳听、脑想,学一学、说一说、做一做等多种方法来获得知识体验,重点是引导幼儿注意倾听,大胆表述自己的感受。

2. 体验法。针对中班幼儿的年龄特点,采用表演活动使幼儿能在亲身体验中更好地理解故事内容。

## 五、说活动过程

本节活动的设计思路以《纲要》为指导,为幼儿创设一个良好的语言环境,使幼儿在与教师和同伴的交流交往中,在游戏等活动中发展语言能力。

1. 以小乌龟、大象等动物的图片导入

本环节我将通过展示小动物的图片激发幼儿的兴趣,吸引他们注意的同时,进行提问:"今天我们请来几位新朋友,他们是谁,有什么特征呢?"

2. 根据动物的特征猜测动物开的店

首先,我把鲜花店、气球店等图片粘在黑板上,询问幼儿:"今天,大象邀请我们去他开的店,大家猜猜大象的特征是什么? 他要开的是什么店?""接下来,河马也邀请我们去他开的店,你们猜猜河马开的什么店? 那为什么他开的是气球店呢?"幼儿根据经验,思考答案,对故事中的动物有了一定的了解,也为下一步讲述故事做铺垫。

3. 讲述故事,通过问题进一步加深对故事的理解

本环节我将激发幼儿根据故事中大象的例子再次猜想小乌龟开的店:"小乌龟也开店了,那他开什么店,为什么他开这样的店? 如果小朋友们要开店会开什么店,为什么开这样的店?",引导幼儿从故事中的其他动物身上思考、探寻问题的答案,从而进一步加深对故事的理解。

4. 通过图片,引导幼儿大概复述故事内容

本环节我将出示有关故事内容的图片,并引导幼儿根据图片,尝试把这个故事完整有序地复述出来。

5. 故事表演

角色扮演可以促进幼儿的语言表达能力的提升,也可以更好地帮助他们体验故事中的情感。本环节主要让幼儿选择自己喜欢的头饰,组织幼儿表演故事内容。

## 六、说活动延伸

下面我来说说活动延伸,此活动之后,我通过家园社合作,结合幼儿的学习方式,给幼儿提供在班级、家庭、社区中用自己的特长帮助别人的机会。

### 七、说活动反思

最后我来说说活动反思。整个活动幼儿在想一想、玩一玩、演一演的过程中了解了故事中每个动物都能发挥自己的特长帮助别人，从而使自己也能用自己的特长帮助他人，拓展了幼儿的生活经验。故事内容充满童趣，生动形象，符合中班幼儿年龄特征，活动整体效果较好，目标达成度较高。

以上便是我说课的全部内容，感谢各位评委老师。

# 大班语言活动《鹅大哥出门》说课稿

说课视频

各位评委老师好，我说课的题目是大班语言活动《鹅大哥出门》，我将从设计意图、活动目标、活动准备、教学方法以及活动过程等几个方面来阐述对本次活动的理解和认识。

### 一、说设计意图

《鹅大哥出门》这个故事选用了幼儿生活中比较熟悉并喜欢的大白鹅为主要角色，讲述了一只大白鹅傲慢不懂礼貌的故事。故事中鹅大哥之前"红红的帽子，雪白的羽毛"和之后的"一只大黑鹅"的对比情节非常有趣，且符合幼儿的年龄特点。在生活中我们常常会看到一些自高自大的人，特别是很多幼儿比较以自我为中心，我觉得这个故事既符合幼儿的年龄特点又符合幼儿现在的心理需要，而且也符合《纲要》中的教育要求，即教育幼儿使用礼貌语言与人交往，养成文明的语言习惯。

### 二、说活动目标

活动目标是教学活动的起点和归宿，对教育活动起导向作用。《纲要》语言领域中指出：发展幼儿语言的关键是创设一个使他们想说、敢说、喜欢说的环境。因此，在整个活动中都以幼儿自主参与活动为主，教师在活动中起一个引导者和支持者的作用，我从认知、能力和情感三方面提出了本次活动的目标。

1. 认知上，在理解故事内容的基础上，初步学会复述故事，丰富词汇"神气、乐滋滋"。

2. 能力上，积极参与故事情节的讨论，愿意大胆表达自己的想法。

3. 情感上，懂得不能骄傲、不能欺负弱小的道理，体验骄傲自大带来的烦恼。

根据目标，在活动中，我把在游戏情节中理解故事内容，懂得不能骄傲、不欺负弱小的道理设为教学重点，根据大班幼儿的语言发展情况，难点设置为：用完整的语言复述故事。

### 三、说活动准备

为使此次活动的组织符合幼儿的学习方式和特点,能够实现综合性、趣味性、活动性的协调统一,寓教育于生活情景游戏之中,我做了以下两方面的准备:

1. 物质准备

我给幼儿准备了多媒体课件《鹅大哥出门》,大白鹅、小鸡、小鸭的头饰,使幼儿更能进入游戏角色当中,从而更好地理解故事。

2. 经验准备

幼儿已了解鹅的基本特征。

### 四、说教学方法

1. 说教法

《纲要》强调教育活动应围绕幼儿的学习、兴趣,尤其是幼儿的经验来进行,学决定教,在活动中教师应成为幼儿活动的支持者、合作者、引导者。根据幼儿的学习情况,本次活动我运用了情景教学法、角色游戏法、课件演示法、提问法。

(1)情景教学法。我尝试打破以往仅用图片进行故事教学的传统模式,根据故事内容为幼儿创设情境,让幼儿模仿鹅的走路姿势,感受鹅大哥的自傲,体验鹅大哥自高自大的后果,这种效果与以前仅通过图片理解故事的效果是完全不一样的。

(2)课件演示法。通过观看多媒体课件《鹅大哥出门》发展幼儿的观察力,锻炼幼儿复述故事的能力。

(3)角色游戏法。角色游戏是幼儿最喜欢的活动,他们自己来扮演角色,不仅能增强参与活动的兴趣,还能充分表现自我、大胆说话。

(4)提问法。在教学中,我尝试改变以往的语言教学总是先讲完故事再进行提问的模式,将单一性、回忆式、封闭式的提问方法改成多样性、开发性的提问,如:"鹅大哥为什么会掉进河里呢? 我们能不能学他呢? 为什么?"这些问题既能启发幼儿的思考,又能让幼儿根据自己的生活经验表达自己的想法,引导幼儿有目的、有顺序地仔细观察,激发幼儿说的兴趣,创造幼儿说的空间。

2. 说学法

整个活动我遵循幼儿的学习规律和年龄特点,以幼儿为主体,较变过去的"要我学"为现在的"我要学",围绕目标,突出重点,克服难点。创造条件让幼儿自己参与活动,不仅提高了幼儿的认知能力,更让幼儿体会到了成功的喜悦,本次活动我采用了谈话法、趣味游戏法。

(1)谈话法。在活动中适当地提出问题有助于活跃幼儿的思维,培养幼儿的语言表达能力和较好的语言习惯。

(2)趣味游戏法。陈鹤琴说:"做中教,做中学,做中求进步。"幼儿在游戏中联系故事中的语句,正体现了《指南》中提出的"语言能力是在交流和运用过程中发展起来的"。

### 五、说活动过程

在活动中从激发幼儿的兴趣入手,围绕目标将多种教学形式相结合,引导幼儿能始终处于积极探索的状态,为了完成本次的教学目标,我是这样安排的:

1. 激发兴趣,导入活动

朗朗上口的诗歌是幼儿喜欢的文学作品体裁。我将用幼儿熟悉的诗歌《咏鹅》导入,激发幼儿的兴趣,引出本次活动的主人公大白鹅,同时出示图片进行提问:"小朋友们老师想问问大家,这首诗歌说的是什么小动物啊? 哪位小朋友能和大家说说大白鹅是长什么样子的呢? 有没有小朋友愿意表演一下鹅大哥走路的样子呢?"让幼儿在看看、学学、做做的过程中加深对鹅大哥的了解,也为下面理解故事作铺垫。

再而进行小结:雪白的羽毛,长长的脖子,头上有顶红红色的帽子。鹅走路,总是昂着头,挺着胸,仰着脖子,一摇一摆的,很高傲的样子(丰富词汇"神气")。

2. 出示多媒体课件《鹅大哥出门》,幼儿理解故事

(1) 通过问题激发幼儿猜想:"有一只神气的白鹅,长得很漂亮,可是后来怎么变成了大黑鹅呢? 这是为什么呢?"

(2) 出示多媒体课件《鹅大哥出门》,帮助幼儿初步理解故事内容。

(3) 通过问题:"小朋友们,我是鹅大哥,谁可以告诉我,我为什么变成了大黑鹅呢?"给幼儿表现自我的机会,正如《纲要》中所说,语言学习具有个别化特点,教师应充分利用各种机会,引导幼儿积极运用语言进行交往。在幼儿大胆表达自己的想法后,进行小结:原来是鹅大哥太骄傲、太神气了。从而突破教学重点,引导幼儿懂得不能骄傲、不能欺负弱小的道理。

3. 依次出示故事角色头饰讲述故事

讲完后提问:"我大步往前走,第一次遇见了谁? 说了什么?""鹅大哥看见自己的倒影心里怎么样? 它是怎么说的?(理解乐滋滋)""后来我又遇见谁了? 说了什么?""我是怎样变成大黑鹅的?"用形象的头饰吸引幼儿的注意力,让幼儿跟着老师讲述角色的对话,锻炼幼儿的胆量,提高幼儿语言表达能力,帮助幼儿进一步理解故事内容。

4. 组织幼儿分角色游戏

让幼儿扮演角色,在游戏中复述故事,在情境中体验故事。

5. 结束部分

通过总结活动内容,对幼儿的积极参与给予肯定和表扬。

### 六、说活动延伸

接下来我来说说活动延伸,在课程游戏化理念的指导下,我将故事书、头饰、音频投放到表演区,使幼儿在玩中学、学中玩,在自主游戏中继续学习、发现、探索,培养幼儿创新能力,增强核心素养。

### 七、说活动反思

《鹅大哥要出门》的核心目标在于使幼儿在理解故事内容的基础上,初步学会复述故事,丰富其词汇,并且愿意大胆表达自己的想法。故事内容充满童趣,生动形象,符合大班幼儿年龄特征,活动整体效果较好。

以上便是我说课的全部内容,感谢各位评委老师。

**附故事:《鹅大哥要出门》**

鹅大哥一摇一摆地走出门去,来到池塘边,看见自己的倒影,心里乐滋滋地说:"瞧,我多漂亮啊,红红的帽子,雪白的羽毛,谁也比不上!"

鹅大哥真神气,大步大步往前走。看见一群小鸡,它大声嚷嚷:"让开,让开! 你们这些小东西。"

看见一群小鸭,又大声嚷嚷:"走开,走开! 你们这些小不点。"

鹅大哥越来越神气,它把胸脯挺得高高的,脑袋抬得高高的,眼睛望着天,连前面有个大泥坑也没看见,扑通一声,掉进了泥坑里。大白鹅变成了大黑鹅,这一下,它可就神气不了啦!

# 第三节　社会领域说课案例

## 小班社会活动《我的小手》说课稿

说课视频

尊敬的各位老师:

大家好! 今天我说课的题目是小班社会活动《我的小手》,下面我主要围绕说设计意图、说活动目标、说活动准备、说教学方法、说活动过程、说活动反思六个方面来进行说课。

### 一、说设计意图

小班幼儿已具有初步的自我意识,对身体各器官逐步产生探索兴趣。然而,幼儿对身体器官的认识还很浅显,爱护身体、保护身体的经验也比较缺乏,因此,本活动的开展可以使幼儿认识自己的小手,知道小手的用处,并通过学习儿歌萌发保护小手的意识。现在许多幼儿是在衣来伸手、饭来张口的环境中长大的,家长包办替代和过度宠爱使幼儿失去了一些自我服务的机会,通过此活动能让幼儿认识到自己的小手很能干,激发幼儿自己的事情自己做的愿望,提高幼儿的自理能力。

## 二、说活动目标

本活动灵活性强，不受季节、时间、环境的限制。根据幼儿的年龄特点和现有水平，我确定本活动的目标为：

1. 知道自己的事情自己做，保护好小手。
2. 能认识自己的小手，知道手能做许多事情。
3. 朗诵儿歌并知道各手指的名称。

为了更好地完成本活动教育目标，我把活动的重点确定为：引导幼儿通过活动了解自己的小手，知道手能做许多的事情；活动的难点确定为：让幼儿用简单语言表达出手能做许多事情并朗诵儿歌。

根据小班幼儿年龄小，观察不细致的特点，我录制了本班幼儿入园、区角、生活等几方面的视频来拓展幼儿的视野和经验。幼儿看到自己和同伴上了电视会对活动内容更感兴趣，加深记忆。

## 三、说活动准备

为了更好地达成活动目标，突出重点，突破难点。我做了物质和经验两方面的准备。物质准备是：《小手拍拍》音频、PPT，经验准备是：对小手有一定的了解与认识。

## 四、说教学方法

1. 游戏法。游戏是幼儿喜欢的活动之一，也是我们完成各教育目标的首要渠道。我运用了"小手拍拍"游戏，将游戏融入教学活动，"老师瞧老师看，宝宝的小手没看见"，为下边的学习做好了铺垫。

2. 谈话法。所谓谈话法，就是围绕活动内容，通过教师提问，引导幼儿回答的一种方法。教师通过谈话法，调动幼儿已有的经验，围绕"我的小手能干什么""我的小手可真灵巧"等问题，组织谈话、讨论，达成共识，完成教育目标。

## 五、说活动过程

环节一：拍手游戏，引入活动。

玩是幼儿的天性，游戏是幼儿最喜欢的活动，既能有效地吸引幼儿，引发幼儿的兴趣，为下一个环节认识小手做好铺垫，又能拉近师生之间的距离。幼儿园教育应尊重幼儿的身心发展规律和学习特点，关注个别差异，促进每个幼儿富有个性地发展。此游戏活动能够面向全体，能力较低或胆子较小的幼儿也能体会到成功和快乐。

环节二：通过观察视频，引导幼儿认识自己的小手。

通过提问："小朋友们在视频中看到了谁？他们在干什么？用的是什么？"引入本环节。鼓励幼儿认真观察，大胆发言。教育不能通过灌输来进行，必须通过幼儿自己的活动来进行，教师通过观察、游戏等形式引导幼儿认识自己的小手。在此环节中融入儿歌，引导幼儿学习儿歌，在生动有趣的儿歌中进一步认识每个手指的名称，在游戏中进一步感知小手的功能和重要性。

环节三:引导幼儿讲究卫生,保护自己的小手。

《纲要》提出:"幼儿园必须把保护幼儿的生命促进幼儿的健康放在工作的首位。"小班幼儿生活经验少,自我保护意识不强,平时生活中常会把手指放入嘴巴、啃指甲等,需要成人及时引导。

"小手这么能干,我们怎么保护小手呢?"自然引入本环节——保护自己的小手。通过谈话的方式引导幼儿分享保护小手的方法并带领幼儿一起学习,如勤洗手、勤剪指甲、不吸吮手指、拿剪刀等用具时注意安全、天气干燥时涂护手霜、天气冷时戴手套等。

环节四:结束活动。

"小朋友们知道了怎么保护小手,小手特别高兴,要邀请小朋友出去玩更多、更有趣的手指游戏呢!"引领幼儿一起边说手指儿歌一边做手指游戏,在快乐的氛围中结束活动。

### 六、说活动反思

本次活动我针对小班幼儿年龄特点,拍摄了幼儿在入园(老师晨检,看幼儿小手)、区域活动(搭积木、串珠子、看图书等)、生活活动(穿衣、系鞋带、扣扣子、拿小勺吃饭等)中喜欢的事,熟悉的人的视频投放在电视上(课前录好的视频),能很好地激发幼儿的观察兴趣,也能使幼儿更清楚地回答问题,对目标的完成做了很好的铺垫。

我的说课完毕,谢谢各位评委老师!

说课视频

# 中班社会活动《交通标志作用大》说课稿

尊敬的各位老师:

大家好!今天我说课的题目是中班社会活动《交通标志作用大》,下面我主要围绕说设计意图、说活动目标、说活动准备、说教学方法、说活动过程、说活动反思六个方面来进行说课。

### 一、说设计意图

《指南》中指出:要结合社会生活实际,帮助幼儿了解基本行为规则,体会规则的重要性,学习自觉遵守规则。对于中班幼儿来说,幼儿每天行走在马路上,马路是他们熟悉的环境。最近他们对马路上的各种车辆、交通标志等充满着浓厚的兴趣,特别是交通标志,但是对中班幼儿来说,说出这些标志的意义尚有一定的难度。因此我选择了《交通标志作用大》这一活动主题,从中班幼儿的年龄特点和兴趣出发,引导他们在轻松、愉悦的氛围中认识交通标志及其含义,引发幼儿在生活中主动关注交通标志,遵守交通规则,珍爱生命。

## 二、说活动目标

根据《纲要》和《指南》的要求,结合幼儿的认知基础和本次活动的内容,我拟定了以下活动目标:

1. 知道红、绿、黄灯,以及人行横道、禁止行人通过等常见的交通标志所代表的意义,知道遵守交通规则的重要性。

2. 能初步根据交通标志的指示做出相应的动作。

3. 喜欢参与社会活动,在情境中理解生命的重要性。

本活动的重点是:认识了解红绿灯的作用及其与人们生活的关系,认识其他一些常见的交通标志及其意义;难点是:学以致用,能按照交通标志的指示去遵守交通规则,懂得遵守交通规则的重要性。

## 三、说活动准备

为了更好地完成本次活动内容,实现活动目标,我做了以下准备:

1. 经验准备。幼儿在生活中有过过红绿灯的经验。

2. 物质准备。PPT课件(汽车在路上行驶的场景、车闯红灯的场景、模拟信号灯响的声音等)、故事《三颗星星》。

## 四、说教学方法

本次活动遵循以幼儿为中心的原则,我采用了情景教学法、观察法、谈话法以及操作法等方法开展本次活动。

## 五、说活动过程

为了达成活动目标,我设计了以下相应的具体活动环节:

环节一:讲述故事,导入活动。

讲述《三颗星星》的故事,播放照片并提问。

讲述故事并提问:"故事里的三颗星星各学会了什么本领? 为什么三颗星星一回到妈妈的身边,地球就乱了套?"通过这样的方式自然引出主题,激发幼儿活动兴趣。

环节二:通过多种形式认识标志,了解含义。

1. 播放PPT,逐一出示交通标志,并根据幼儿的回答讨论讲解交通标志的名称和含义。

2. 请幼儿寻找交通标志,说一说交通标志所代表的意义。

环节三:模拟驾车行驶,加深巩固标志含义。

1. 在马路上放置合适的交通标志,请幼儿说一说应该怎样行驶,模拟驾驶车辆行驶。

2. 教师总结,结束活动。

### 六、说活动反思

我针对中班幼儿年龄特点,设计了本次活动。《指南》中指出,应结合社会生活实际,帮助幼儿了解基本行为规则或其他游戏规则,体会规则的重要性,学习自觉遵守规则。本次活动以"遵守交通规则"为话题,以"了解交通标志"为切入点,通过"了解标志""遵守交通""体验生活"等,提高幼儿在马路上行走的安全意识,使幼儿学会保护自己。在游戏、情景中,巩固幼儿对标志的认识,知道交通标志是社会生活环境中不可缺少的一种符号,我们都应该认真地去执行这些交通标志所表达的含义。

以上这些是我的说课内容,如有什么不当之处,敬请各位领导、老师批评指正,谢谢大家!

**附:幼儿故事《三颗星星》**

太阳妈妈有三个幼儿:红星星、黄星星、绿星星。三颗星星长大了,太阳妈妈教他们学本领。红星星的本领是让跑的物体停下来,黄星星的本领是让跑的物体放慢速度注意安全,绿星星学的本领是让物体跑起来。三颗星星学会了本领。太阳妈妈吐口气,用太阳风把三颗星星吹到了地球上。好多年过去了,太阳妈妈思念孩子,她发出了呼唤信号。三颗星星又回到了太阳妈妈的身边,地球却出了事。所有的马路都塞满了汽车,爸爸妈妈上不了班,小朋友去不了幼儿园。地球上的人发出了求救信号。三颗星星立刻返回了地球,马路又畅通了。从那以后,三颗星星再也没有离开过地球。到现在,太阳妈妈也不知道三颗星星在地球上干什么。地球上的小朋友都知道红、黄、绿三颗星星,也都喜欢他们。因为在每个十字路口,三颗星星天天向小朋友问好。

# 大班社会活动《团团圆圆过中秋》说课稿

尊敬的各位老师:

大家好! 今天我说课的题目是大班社会活动《团团圆圆中秋节》,下面我主要围绕说设计意图、说活动目标、说活动准备、说教学方法、说活动过程、说活动反思六个方面来进行说课。

### 一、说设计意图

中秋节是我国传统节日之一,象征着人们对团圆生活的向往。社会领域活动《团团圆圆过中秋》,遵循了教育内容选择的生活性与适宜性原则。《纲要》中也指出要"激发幼儿爱家乡、爱祖国的情感"。因此,我们应充分挖掘传统节日的教育资源,引导幼儿了解重大节日,萌发爱家乡、爱祖国的情感。

## 二、说活动目标

基于我班幼儿具体特点,我设计了以下活动目标:

1. 认知目标:知道农历八月十五是中秋节,了解中秋节的来历和有关习俗,加深对中秋节传统文化的认识。

2. 能力目标:能够简单向他人介绍中秋节的有关习俗。

3. 情感目标:感受中秋节团圆的欢快氛围以及集体庆祝节日的快乐。

## 三、说活动准备

为了更好地达成活动目标,突出重点,突破难点。我做了物质和经验两方面的准备。物质准备是:有关中秋节的电子图片、挂图以及 PPT,经验准备是:活动前幼儿已与家人收集有关中秋节的古诗、故事以及我国各地中秋节的习俗。

## 四、说教学方法

为更好地达成目标,突出重点,突破难点,本次活动我主要用的教学方法有讨论法、多种感官参与法、情景体验法、多媒体辅助法等多种方法。

## 五、说活动过程

教育活动过程应依据幼儿的学习特点进行整合处理,帮助幼儿获取完整的经验,促进身心全面发展。因此我把活动过程分为以下五个环节:

环节一:歌曲导入,激发幼儿活动兴趣。

播放歌曲《中秋节》,提问:"你们在歌曲里听到了什么,里面讲到了什么节日?"通过这样的方式自然引出主题,让幼儿在轻松愉快的氛围中进入活动状态。

环节二:讨论分享,自主表达中秋节的来历及有关习俗。

分组讨论收集到的关于中秋节的来历以及习俗,讨论后,各小组邀请一位代表说出结果。通过讨论,唤起幼儿的已有经验,促使幼儿主动思考、大胆表达,发挥幼儿的主体地位。

小结:在农历八月十五日这一天,月亮又大又圆,圆圆的月亮象征着团圆,人们与亲人团聚,所以中秋节又称为团圆节。中秋节人们会吃月饼、赏月、赏桂花、饮桂花酒等。

在本环节中,幼儿自主讨论,深刻了解中秋节月亮的特点、中秋节的习俗及节日意义,有效落实活动目标。

环节三:活动体验,感受乐趣。

通过两个体验活动,让幼儿在活动中进一步了解和体验中秋节习俗。

1. 吃月饼。拿出月饼,走到幼儿身边,让幼儿看和闻,讲一讲月饼是什么形状、什么颜色、什么味道。接着切开月饼,让他们观察月饼里面是什么样子的,然后集体总结:月饼是圆形的、金黄色的、皮薄、馅香甜(有很多种月饼馅),中秋节人们喜欢吃月饼,寓意着团团圆圆。

2. 赏桂花。带领幼儿到幼儿园的户外集体赏花,讨论桂花的样子、味道等。

环节四:吟诵童谣,结束活动。

在这一环节,带领幼儿边拍手打节奏边学吟诵童谣《月儿圆》,走出活动场地。

## 六、说活动反思

本次活动紧扣《指南》,围绕教学目标,从幼儿实际出发,运用丰富多样的教学方式,激发幼儿的多种感觉通道,让幼儿在直接感知、亲身体验中学习,达到活动目的。

# 第四节 科学领域说课案例

说课视频

## 小班科学活动《小金鱼》说课稿

各位领导老师:

大家好!今天我说课的内容是小班科学活动《小金鱼》。下面我主要围绕说设计意图、说活动目标、说活动准备、说教法学法、说活动过程、说活动反思六个方面来进行说课。

### 一、说设计意图

近期,我在科学区投放了几条金鱼,班级的小朋友对金鱼很感兴趣,小班幼儿争着要喂养小鱼,一来幼儿园就去观察和照顾小鱼。《指南》指出,3~4岁幼儿具有初步的探究能力,对感兴趣的事物能仔细观察,发现其明显特征,能用多种感官或动作去探索物体。因此,基于本班幼儿的年龄特征、兴趣需要,我设计了本次科学活动《小金鱼》,通过本次活动,帮助幼儿了解金鱼的外形特征和生活习性,萌发关心爱护小动物的情感。

### 二、说活动目标

根据幼儿的年龄特点和已有经验,我将活动目标定位为:

1. 通过饲养和观察金鱼,了解金鱼的外形特征和生活习性。

2. 尝试用语言描述、动作模仿等方式表达对金鱼的认识。

3. 萌发关心、爱护小动物的情感,愿意照料金鱼。

本次活动的重点是:了解金鱼的外形特征和生活习性,萌发关心、爱护小动物的情感,愿意照料金鱼;难点是:尝试用语言描述、动作模仿等方式表达对金鱼的认识。

## 三、说活动准备

为了更好地达成活动目标,突出重点,突破难点。我做了物质和经验两方面的准备。物质准备有:科学区已有适合幼儿观察的鱼缸、金鱼若干、金鱼图片、鱼食,每组都有装有金鱼若干的透明鱼缸;经验准备有:幼儿观察过鱼,对鱼有一定了解。

## 四、说教学方法

在本次活动中,我将充分尊重和发挥幼儿的主体性,考虑到科学探究活动本身的特点及小班幼儿的年龄阶段特点,本次活动主要采用谈话法、观察法、视听讲做结合法。

## 五、说活动过程

整个活动我主要设计了四个环节,包括提问导入,引发探究兴趣;观察金鱼,了解外形特征;模仿金鱼,了解生活习性;总结提升,自由结束活动。

环节一:提问导入,引发探究兴趣。

教师通过提问,调动幼儿已有经验,引出有关金鱼的话题。"你们见过金鱼吗? 它是什么样的?"幼儿调动已有经验,自由谈论对金鱼的认识。教师再次提问:"你喜欢金鱼吗? 你喜欢金鱼的什么地方? 为什么?"通过提问,引导幼儿表达对金鱼的喜爱。预计用时 3 分钟。

环节二:观察金鱼,了解外形特征。

教师通过提问引导幼儿有序观察鱼的头、身体、鱼鳍、尾鳍。引导幼儿用语言表达对金鱼身体各部位的认识。我会这样引导:"金鱼的头上有什么? 是什么样的? 再看看金鱼的身体是什么样的? 好像什么形状? 身体上有什么? 金鱼的鱼鳍长在哪里? 金鱼的尾鳍像什么?"通过提问引导幼儿有序观察,了解其外形特征。该环节预计用时 4 分钟。

环节三:模仿金鱼,了解生活习性。

步骤一:请小朋友学一学,通过模仿,了解金鱼游动的样子。我会这样引导:"金鱼生活在哪里? 它是怎么游的? 请你来学一下",同时请幼儿学习运用词语"游来游去"表述金鱼的活动。

步骤二:通过提问,引导幼儿观察金鱼的食物,学一学金鱼吃东西的样子。教师在此环节先让幼儿自由讲述,再用事先准备好的少量鱼食投喂金鱼,引导幼儿观察鱼吃食物的样子,用语言表述并用动作表现金鱼嘴巴一张一合的动态。同时,幼儿投喂鱼食时,要提醒幼儿金鱼一次性不能喂太多食物,因为金鱼不知道饱,会吃到撑死。该环节预计用时 8 分钟。

环节四:总结提升,自由结束活动。

教师和幼儿一起归纳金鱼的外形特征和生活习性,预计用时 2 分钟。

本次活动结束后我会将活动延伸到美术区,鼓励幼儿创造性地用几何图形拼贴金鱼,用水彩颜料画金鱼,用树叶拼贴金鱼;同时也会在语言区投放《各种各样的金鱼》,在阅读中进一步了解金鱼的外形特征。

### 六、说活动反思

本次活动根据幼儿的已有生活经验和兴趣生成,通过直观感知、实际操作、亲身体验的方式引导幼儿观察金鱼,了解金鱼的外形特征和生活习性,引导幼儿通过说一说金鱼的外形特征、学一学金鱼游动的样子、喂一喂金鱼表达对金鱼的认识,萌发喜欢小动物的情感,不足之处是在阅读区投放绘本太少,可以多投放几本关于鱼的绘本支持幼儿后续探究。

我的说课完毕,谢谢各位评委老师!

# 中班科学活动《磁铁找朋友》说课稿

说课视频

各位领导老师,大家好!今天我说课的内容是中班科学活动《磁铁找朋友》。下面我主要围绕说设计意图、说活动目标、说活动准备、说教法学法、说活动过程、说活动反思六个方面来进行说课。

### 一、说设计意图

中班幼儿对磁铁的磁性很感兴趣,在生活中也积累了关于铁制品与非铁制品的知识经验。该年龄段幼儿也具备了一定的动手、动脑、自主探索问题的能力。因此,我设计了《磁铁找朋友》这个活动。通过幼儿自身的操作活动,感知磁铁吸铁的性质,辨别铁制品与非铁制品,发现并揭示磁铁能吸住铁制品的特性。活动内容轻松有趣,能够培养幼儿对科学的兴趣与求知欲。

### 二、说活动目标

活动的目标是教育活动的起点和归宿。根据中班幼儿思维发展的特点,我将本次活动的目标定位如下:

1. 发现磁铁吸铁的性质,能将铁制品与非铁制品分类。
2. 能用较完整的语言表达自己的发现。
3. 乐于动手操作,体验探索成功的乐趣。

本次活动的重点是发现磁铁吸铁的性质,能将铁制品与非铁制品分类;难点是在活动中乐于动手操作,能用较完整的语言表达自己的发现。

### 三、说活动准备

根据《纲要》中指出的"提供丰富的可操作材料,为每个幼儿都能运用多种感官、多种方式进行探索提供活动的条件。"我做了如下准备:

**1. 物质准备**

（1）磁铁、记录分类的卡片、笔，以上材料人手一份，满足幼儿操作需要。

（2）铁制品与非铁制品材料。目标中提出让幼儿辨别铁制品和非铁制品，在材料中特别准备了两类材料：一类是玻璃球、毛线、木块、塑料、橡皮、石块等非铁制品；另一类是铁块、铁环、曲别针等铁制品。

（3）自制的小钓鱼竿、纸折小金鱼。

**2. 经验准备**

幼儿在日常生活中玩过磁铁。

### 四、说教学方法

幼儿科学教育以培养幼儿科学素养为宗旨，以"探究"为核心。考虑到中班幼儿的年龄特点，本次活动主要采用情境创设法、操作法和游戏法来促进活动的顺利进行，从而达成活动目标。

### 五、说活动过程

考虑到幼儿认知规律，同时把握幼儿认识事物的特点来设计活动过程。活动过程由四个环节构成，包括玩一玩，萌发探究兴趣；看一看，发现磁铁吸铁的秘密；找一找，加深对磁铁吸铁性质的认识；做一做，了解磁铁的用途。

环节一：玩一玩，萌发探究兴趣。

活动开始，创设钓鱼情境，邀请幼儿一起玩钓鱼游戏。

带领幼儿到布置好的小鱼塘场景中钓鱼：小朋友，老师手里有一个漂亮的钓鱼竿，咱们一起钓小鱼吧，举起钓鱼竿，把鱼饵送到小鱼的嘴边。通过提问"为什么有的小鱼能钓起来，有的小鱼钓不起来？"让幼儿猜测问题的答案，萌发探究兴趣。

将能钓起来和不能钓起来的小鱼分类摆放，便于下面的操作。

该环节预计用时 3 分钟。

环节二：看一看，发现磁铁吸铁的秘密。

幼儿带着问题与好奇进入此环节。先让幼儿猜测并和同伴交流自己的见解。然后，引导幼儿把小鱼拆开看一看能发现些什么，提出问题请幼儿思考："能被钓起的小鱼肚子里装了什么？不能被钓起的小鱼肚子里又装了什么？"幼儿通过动手探索，发现能被钓起的小鱼肚子里装的是小铁块、小铁环等铁做的东西，从而对磁铁吸铁的特性有了初步认识。预计用时 7 分钟。

环节三：找一找，加深对磁铁吸铁性质的认识。

教师提供充足、丰富的材料，幼儿分组动手操作。用磁铁吸一吸、找一找，找出能被吸起的和不能被吸起的物品，并将其分类。教师巡回指导，将幼儿的分类情况进行记录，请小朋友和同伴进行交流，并记录自己的发现，教师给予评价。

这个环节不仅扩大了幼儿对铁制品与非铁制品的认识范围，也加深了幼儿对磁铁吸铁性质的认识。同时为下一个环节作好了准备。预计用时 8 分钟。

环节四：创设情境，让幼儿了解磁铁在生活中的用途。

"老师刚才不小心把很多别针掉进了沙子里，你们能不能帮老师想想办法快速把它们拿出来呢？"幼儿通过讨论，积极寻求办法。

"小朋友们想想看，刚才我们通过操作，知道了磁铁的特性是什么，它可以吸住铁的东西，别针也是用铁做的，那我们试试能不能把别针吸出来。"幼儿操作。

幼儿运用已有知识经验来解决问题，幼儿在操作、探索中充分体验到成功的喜悦。预计用时5分钟。

本次活动结束后，我在科学区提供磁铁等材料，让幼儿探索磁铁还能吸住哪些物品，我还将根据幼儿的兴趣需要继续延伸到家庭中，鼓励幼儿和家长一起探索磁铁的奥秘。

### 六、说活动反思

科学活动并不是把现成的科学结论告诉幼儿，而是使幼儿成为渴求了解世界的探索者和发现者。《纲要》指出："为幼儿的探究活动创造宽松的环境，让每个幼儿都有机会参与尝试。"因此，为了让幼儿认识磁铁，我为幼儿提供了充分的可供操作的实验材料，而且在活动的过程中，不进行直接的指导，而是强调幼儿在与材料的交互作用中，去发现、思考、解决各种问题。

我的说课完毕，谢谢各位评委老师！

## 大班科学活动《贴窗花（学习6的组成）》说课稿

说课视频

各位领导老师，大家好！今天我说课的内容是大班数学活动《贴窗花（学习6的组成）》。下面我主要围绕说设计意图、说活动目标、说活动准备、说教法学法、说活动过程、说活动反思六个方面来进行说课。

### 一、说设计意图

《6的组成》是大班的数学活动，是幼儿在学习了2、3、4、5的组成的基础上进行学习的。《纲要》中明确指出，数学教育必须让幼儿能从生活和游戏中对周围环境的数、量、形、时间、空间等现象产生兴趣，建构初步的数的概念。因此，我创设贴窗花情境，让幼儿在游戏活动中建构学习6的组成。

### 二、说活动目标

教育活动目标是教育活动的起点和归宿，对教育活动起着主导作用，我根据大班幼儿年龄特点制定以下目标：

1. 学习将6个窗花分成两份，探索分合的不同答案，感知6的组成。

2. 在观察、比较中，初步感知数的分合的有序性。

我将本次活动的重点定为:学习 6 的组成,难点定为:探索分合的不同答案。

## 三、说活动准备

为了更好地服务于本次活动的目标,完成活动内容,我做了物质和经验两方面的准备。

物质准备:木偶小猴 1 个,绒板 1 块,窗花 6 个,教学挂图;学具"我帮小猴分窗花";幼儿人手一盘窗花(每盘 6 个)、记录单 1 份、笔 1 支等操作材料。

经验准备:幼儿已经学习了 2、3、4、5 的组成。

## 四、说教学方法

《纲要》中指出,教师应成为幼儿学习活动的支持者、合作者、引导者,关注幼儿在活动中的表现和反应,敏感地察觉他们的需求,及时以适当的方式互动,本次活动我采用了情景创设法、操作法来促进活动的顺利展开。

## 五、说活动过程

整个活动我主要设计了四个环节,包括情境导入,激发活动兴趣;分组操作,探究 6 的分成;师幼小结,感知分合的有序性;巩固练习,加深认知。

环节一:情境导入,引发活动兴趣。

教师创设情境"我帮小猴分窗花":"过年的时候,小猴剪了一些窗花,要送给小兔和小猫,请小朋友数一数,小猴剪了几个窗花,你认为有几种不同的分法呢? 请小朋友们想一想,试着分一分。"预计用时 3 分钟。

环节二:分组操作,探究 6 的分成。

该环节幼儿分组操作"我帮小猴分窗花"的材料,教师请幼儿帮助小猴把盘子中 6 个窗花分成两份,要求幼儿把每次的结果用数字记录在记录单上,不能重复,也不能漏记。预计用时 8 分钟。

环节三:师幼小结,感知分合的有序性。

教师和幼儿共同小结 6 的分合,初步感知分合的有序性。我将从以下四个步骤进行:

步骤一,教师利用班级大屏展示几名幼儿的分合记录,师幼共同检查其答案是否正确,如有不正确,集体讨论并改正。

步骤二,师幼共同统计,发现把 6 分成两份的 5 种不同的分法,并记录。

步骤三,观察、比较两份幼儿的记录单(一份是有序的 5 种分法的记录单,一份是无序的 5 种分法的记录单),请幼儿观察两张记录单的异同,并让幼儿说说哪张记录单好,为什么。

步骤四,集体读读分合记录有序的记录单,进一步感受分合的有序性。

此环节预计用时 12 分钟。

环节四:巩固练习,加深认知。

人手一份操作材料,请幼儿将每排的6个气球涂成红橙两色,每排红色(或橙色)的数目不能相同。此环节预计用时5分钟。

环节五:活动总结。

此环节总结6的分成和分成的有序性,预计用时2分钟。

### 六、说活动反思

好的教育活动不是特定的某一次活动,而是一个长期、持续的过程,本次活动在幼儿学习了2、3、4、5的组成的基础上进行学习,通过创设"我帮小猴贴窗户"情境,引发幼儿活动兴趣,通过分组操作,探究6的分成,感知分合的有序性。不足之处是延伸活动比较单一,只延伸到区角,在后续活动中还可以引导幼儿在日常生活中操作6的分合,帮助幼儿把本次活动中学到的知识延伸到生活中。

我的说课完毕,谢谢各位评委老师!

## 第五节 艺术领域说课案例

### 小班美术活动《快乐的泡泡》说课稿

说课视频

尊敬的各位老师,大家好! 今天我说的课题是小班美术活动《快乐的泡泡》。下面我将从说设计意图、说活动目标、说活动准备、说教法学法、说活动流程、说活动反思等几个方面进行说课。

### 一、说设计意图

《纲要》中多次提到,要通过艺术活动激发情趣,体验审美愉悦和体验成就感。幼儿对艺术活动的表现往往带有"情绪色彩",常停留在"好玩""我喜欢"的水平上。这种兴趣容易转移,也易于波动,因而激发兴趣需要贯穿始终。

小班幼儿的思维正处于直觉行动思维向具体形象思维过渡的时期,他们情感外露,不稳定,具有很大的情绪性。他们学习的特点是只关心活动的过程,不关心活动结果,因此,本次美术活动更应注意游戏化、情境化,强调让幼儿在愉快、轻松、自由的游戏中学习,获得美术鉴赏能力的初步发展。

### 二、说活动目标

1. 能大胆选择色彩印画,表现大大小小的圆圈泡泡。
2. 体验鱼儿孤独和快乐的情绪。

3. 喜欢参加美术活动。

《纲要》中强调："提供自由表现的机会,鼓励幼儿用不同的艺术形式大胆地表达自己的情感、理解和体验。"

目标1是本次活动的重难点。目标2、3是情感目标,主要是激发幼儿对艺术活动的兴趣,为下次的活动做一个精神铺垫,让幼儿体验到帮助别人的快乐。

## 三、说活动准备

在活动中我准备了大大小小的瓶盖,都是我们幼儿生活中常见的物品,还有抹布、水粉颜料和大海的背景图。

## 四、说教学方法

根据设计的活动内容,我主要采用了示范讲解法、游戏法、谈话法。示范讲解法是美术活动中最常用的教学方法,能帮助幼儿掌握正确的表现方法,能够体现"幼儿是活动的主体,教师应该成为幼儿学习活动的支持者、合作者、引导者"这一理念。采用游戏法是因为游戏是幼儿最喜爱的活动,游戏能增强幼儿参与活动的兴趣,幼儿在轻松、愉快的游戏中很容易就能掌握所学技能。谈话法是为了激发幼儿的兴趣,吸引他们的注意力。

幼儿的操作法也是美术活动中常用的学法,幼儿通过动手操作,才能掌握技能技巧,并从中体验情感教育。

## 五、说活动过程

本活动中我从激发幼儿的兴趣入手,围绕目标将多种教学形式相整合,使师幼能始终处于积极的探索状态。

本次活动的流程为:引出主题——教师示范——幼儿操作——欣赏作品。

### 1. 引出主题

教师出示一条鱼的图片:"我是一条孤单的鱼,在大海里孤单地游来游去,没有朋友。唉! 你们愿意帮助我吗? 愿意和我做朋友吗?"

幼儿将身上的鱼儿拿下贴在海洋图上与小鱼做朋友。

"我现在有这么多朋友,我好开心,想吐泡泡,你们和我一起吐泡泡吧。"

第一环节是开始部分。我用"小鱼来我们班做客,小鱼孤单没有好朋友"为幼儿创造良好的环境氛围,让幼儿融入环境中,体验鱼儿孤独的情绪。找到了好朋友很开心,它想和好朋友一起吐泡泡,引入主题,激发幼儿动手操作的兴趣,体验鱼儿快乐的心情。

### 2. 教师示范

教师提问:"那你们知道泡泡是什么形状的吗? 我们怎样帮小鱼吐泡泡呢?"教师出示水粉和瓶盖。

请幼儿观察瓶盖的形状,请幼儿想办法画泡泡。

教师示范用瓶盖印画,提示幼儿在印的过程中注意每次只能蘸一种颜色,不需要时不时用抹布擦去。

第二环节是认识创作工具。因为每次的创作都有不同的工具,所以通过每次活动让幼儿认识工具的名称是必要的。当然这也需要多次活动经验的累积,使幼儿逐步掌握每种工具的使用方法。幼儿通过教师的示范和自己动手操作学习新的绘画方式。

### 3. 幼儿操作

鼓励幼儿尝试选用大大小小的圆形材料印泡泡,幼儿随着音乐自由地选择瓶盖与颜料印泡泡。

第三环节是印的过程。这里我运用了教师示范工具的操作方法,这一教法是启发式的,旨在让幼儿自然而然地掌握工具的运用。印的过程中幼儿共同合作,共同游戏,共同体验印的乐趣,共同欣赏作品。

### 4. 欣赏幼儿作品

请个别幼儿展示自己印的泡泡,说说自己的泡泡是什么颜色的。通过评价幼儿作品,给予肯定,提高幼儿的积极性。

### 5. 结束部分

幼儿和教师唱着《小金鱼》的音乐游出教室。这样头尾呼应,快乐地结束活动。

## 六、说活动反思

艺术教育是实施美育的主要途径。本次活动目标制定符合小班幼儿的特点,简单、易懂。活动过程开展简洁,教师在导入时引导得当。示范作画时步骤清晰,幼儿易于操作学习。在教学过程中设计幼儿动手操作环节,既体现了学以致用的教学要求,同时为幼儿的相互合作、相互交流提供平台,又能让幼儿充分地体验成功的快乐。

# 中班美术活动《滴墨成花》说课稿

说课视频

尊敬的各位老师,大家好!今天我说的课题是中班美术活动《滴墨成花》。下面我将从说设计意图、说活动目标、说活动准备、说教法学法、说活动流程、说活动反思等几个方面进行说课。

## 一、说设计意图

《纲要》和《指南》里明确指出,要引导幼儿接触身边环境中美好的事物,激发他们表现美、创造美的愿望。教师要在尊重幼儿自由表达和创造的基础上,根据幼儿的发展状况和需要,对幼儿的表现方式和技能给予适时适当的指导。

因此教师通过游戏化的方式帮助幼儿学习一些美术创作的技法是适宜的。彩墨画是中华优秀传统文化的瑰宝,有着深厚的文化内涵和历史积淀,也是备受幼儿喜爱的艺术活动之一。彩墨画讲究落笔成型,能够锻炼幼儿胆大心细、求真求实的品质。在水墨晕染间,幼儿能够直接体验创造的趣味之处,提高艺术审美观察能力和动手思考能力。中班幼儿已积累了一定的生活经验和绘画技巧,思维能力和动手操作能力也得到了发展,如何让中班幼儿的艺术表现更加丰富多彩? 关键是从幼儿的生活经验入手,寻找最近发展区,帮助他们梳理经验,提升表达和表现能力。

本次活动以水墨晕染作为主要的教学内容,通过大胆的滴墨和滴水相结合的特殊技法,在宣纸上晕染出大小不一的花朵,增加彩墨学习的趣味性,符合幼儿爱玩好玩会玩的天性。再通过运用毛笔的中侧锋贴画花茎和叶子,完成一幅墨玉花香的彩墨画作品,让幼儿在水墨中感受自然花草的美,从而热爱生活,更好地感受生活。

## 二、说活动目标

教学目标是教学活动的起点和归宿,对活动起着导向作用,结合中班幼儿的年龄特点和彩墨画晕染的美感,我预设的目标是:

(1)学会观察水与墨融合的变化,初步认识水墨晕染的技巧。

(2)通过大胆地滴墨和滴水,在宣纸上晕染出大小不一的花朵。

(3)体验彩墨画创作的乐趣和中国传统艺术的魅力。

我认为本次活动的重点是幼儿能够在创设的游戏情境中大胆滴墨滴水,酝酿出大小不一的花朵,活动的难点是合理构图,并运用毛笔的中侧锋进行贴画。

## 三、说活动准备

根据活动设计内容,我在经验、教具和学具三个方面做了以下准备。经验准备是幼儿园有种植园和植物角,因此幼儿积累了一些播种浇灌植物和观察植物生长的经验,教具是多媒体绘本、浴帽的故事、微课视频、课件,学具有毛笔、宣纸、清水、浓墨和混有翠绿色颜料的淡墨。

## 四、说教学方法

在教法上,结合中班幼儿的年龄特点,我主要采取了直观演示法、情境教学法、示范讲解法和观察指导法。在游戏过程中,幼儿能够更加直观地理解滴墨和滴水的技法,充分调动幼儿的创造积极性,实现趣味作画,根据实际情况对活动的难度和环节灵活调控。在学法上,考虑到中班幼儿的自主性和能力的提高,主要运用了探究学习法、讨论法、操作法和展示法,让幼儿通过游戏情境探索水墨晕染的奇妙之处,在互相表达自己晕染的花朵大小中理解水越多扩散越大的现象,教师给予充分的支持和引导,能够增强幼儿创作的信心和探索意识。

## 五、说活动过程

根据本次活动的内容以及幼儿的认知基础,围绕活动目标和重难点,我把活动过程设计为以下5个环节。

第一个环节是绘本导入,激发兴趣。我利用多媒体绘本《水与墨》的故事导入,通过绘本故事来吸引幼儿的注意力,并预设了几个问题,进一步激发幼儿的好奇心和学习兴趣,让幼儿认识到水与墨相遇发生的各种变化,进而顺利地进入下一活动环节。

第二个环节是创设情境,角色细化。我展示滴墨滴水的微视频,让幼儿更加直观地观察到水墨晕染带来的变化,引出本次活动的主题《滴墨成花》,并创设游戏情境,赋予幼儿小花农角色,将宣纸比喻成土壤地貌,滴墨比喻成播种,滴水比喻成浇灌,晕染扩散的现象比喻为种子开花。幼儿在宣纸上初步尝试滴墨与滴水相结合的方法,自由讨论与探索,观察水墨多少与花朵大小的变化关系,丰富晕染的美术经验,更加深入了解水与墨的特性。

第三个环节是观看微课,形象生动。这个环节我通过播放自制范画微课视频,让幼儿观察认识滴水越多,盛开的花越大,以及画面的合理布局,为下一环节自由表现奠定基础。

第四个环节是大胆创作,自由表现。这个环节让幼儿手脑结合,运用工具材料大胆创作,自由表现盛开的花以及自身的感受,达到认知情感与技能的融合。

第五个环节是结束部分。这个环节我鼓励幼儿相互欣赏各自的作品,自由表达各自的想法。

### 六、说活动反思

艺术教育是实施美育的主要途径。本次活动目标制定符合中班幼儿的特点。活动过程开展简洁,教师在导入时引导得当。示范步骤清晰,幼儿易于操作学习。在教学过程中设计幼儿动手操作环节,既体现了学以致用的教学要求,同时为幼儿的相互合作、相互交流提供平台,又能让幼儿充分地体验成功的快乐。

说课视频

# 大班音乐《毕业歌》说课稿

尊敬的各位老师,大家好!

今天我说的课题是大班美术活动《毕业歌》。下面我将从说设计意图、说活动目标、说活动准备、说教法学法、说活动流程、说活动反思等几个方面进行说课。

### 一、说设计意图

难忘的幼儿园生活给孩子们留下了美好的印象,师生之间、幼儿之间结下了深厚的情谊。毕业在即,为了使幼儿体验毕业离园时的惜别之情,了解自己在幼儿园时光中的成长与进步,萌发对幼儿园、老师、同伴的感恩之心,我围绕主题"我上小学了"设置了"再见了,幼儿园""你好,小学生""学做小学生"三个二级主题及系列子活动。歌唱活动《毕业歌》选自二级主题"再见了,幼儿园"。

歌曲《毕业歌》是一首二四拍曲子,旋律优美;歌词内容是根据幼儿平时在幼儿园中日常的生活点点滴滴改编而来,贴近幼儿生活。

《纲要》中指出,教育内容"既要符合幼儿的现实需要,又有利于长远发展,既贴近幼儿的生活,选择幼儿感兴趣的事物或问题,又有助于拓展幼儿的经验和视野"。

### 二、说活动目标

活动目标是教学活动的起点和归宿,对活动起着导向作用。大班幼儿具有活泼好动、好奇好问的特点。根据幼儿年龄特点,我从认知、情感、能力等方面制定了本次活动的目标。

1. 认知目标:理解歌曲 ABA 的结构。
2. 能力目标:掌握轮唱的演唱方式。
3. 情感目标:激发对幼儿园的不舍以及对小学的憧憬。

本次活动重点是掌握轮唱的演唱方式。活动难点是理解歌曲 ABA 的结构。因此在整个活动中,我始终围绕目标开展活动,力求突出重点,突破难点。

### 三、说活动准备

为了目标的有效达成,我做了以下活动准备:
物质准备:歌词图谱、钢琴。
经验准备:幼儿对毕业有一定的了解。

### 四、说教学方法

《纲要》指出:教师应成为幼儿学习活动的支持者、合作者和引导者。本次活动为了体现教师与幼儿的交互主体性,我主要运用了两种教学方法。

1. 情境教学法。我在教学过程中为幼儿创设了一个具体形象、生动的学习情境,激发幼儿的兴趣,用合适的方式把幼儿完全带入幼儿园快乐生活的音乐情境之中,引导幼儿在连续不断的歌词和旋律的启发下有效地学唱儿歌,唤起幼儿已有的生活经验,使幼儿愉快地参与儿歌表演。

2. 直观教学法。通过教师示范、图谱演示、音频感知,使幼儿直接感知、实际操作、亲身体验,建立形象思维,大大提高记忆歌词的效果,并调动幼儿学唱的主动性。

### 五、说活动过程

在整个音乐活动中,我始终尊重幼儿的主体地位,调动幼儿思维的积极性,由浅入深、循序渐进,让幼儿在想想、看看、动动、听听、唱唱的过程中感受音乐。并使用多种感官参与的学法,注重幼儿自身的学习和体验,引导幼儿在体验中学习,通过看一看、听一听、唱一唱、做一做、演一演等多种感官的活动,学习歌曲。

根据幼儿年龄特点,结合教学目标,我设计了以下五个环节:

环节一:谈话导入,引出毕业主题。提问引出话题:"小朋友,你们还有不到一个月就要毕业啦,那么即将毕业的你有什么话要说吗?"通过谈话活动,让幼儿了解什么是"毕业",并表达出毕业想说的话,加深幼儿对毕业的认识,从而引出主题儿歌《毕业歌》。

环节二：欣赏歌曲，感受浓浓毕业情。此环节将实现活动认知目标、能力目标和活动重难点。教师范唱，引导幼儿分段理解歌词。教师的范唱以及图谱的出示为幼儿营造一个生动的对话、融交流和表演为一体的音乐情境，不仅激发幼儿学习唱歌的激情，而且引导幼儿感受到了即将毕业的不舍之情。

环节三：再次欣赏，学唱毕业歌曲。让幼儿加深理解不同乐段表达的不同情绪，把活动重点分解并前置。这一环节的设计就是充分利用幼儿在幼儿园的日常生活经验，再现幼儿园的种种回忆，调动幼儿参与学唱儿歌的积极性，为下一步解决活动重点、突破活动难点打下基础。

环节四：因材施教，丰富演唱形式。根据不同的情绪选择合适的演唱方式，此环节将作为活动难点进行突破。看图谱，指导幼儿分角色唱。幼儿的创作过程和作品是他们表达自己的认识和情感的重要方式。

环节五：师幼总结，体会惜别之情。《纲要》中艺术领域的目标指出："艺术是实施美育的主要途径，应充分发挥艺术的情感教育功能，促进幼儿健全人格的形成。"此环节将把对这首儿歌的总结扩大至对孩子们幼儿园三年快乐生活的总结与回顾，老师满怀不舍得提出"为小朋友们即将成为一名小学生感到开心，同时也希望，小朋友们以后常回家看看"，升华主题。

## 六、说活动反思

纵观整个活动，始终以《纲要》《指南》为理念引领，并用情境化的教学方式引领着幼儿由表及里、由浅入深地倾听儿歌、感知儿歌、理解儿歌、学唱儿歌，体现了活动的整体性。横向分析各教学环节，或给幼儿抛出问题，引导幼儿自己去发现，或根据幼儿的发展需要层层递进，让幼儿在自身原有基础上获得最近发展区内的进步和发展，体现了活动的创造性和幼儿学习的主动性。

"对幼儿来说，音乐教育不是教音乐的教育，而是通过音乐使孩子的身心得到发展，成为一个完整的人。"整个活动中，我力求幼儿在艺术的审美教育过程中获得了愉快的情绪体验与探索的乐趣、简单的技能和审美情趣，最终获得感受美、表现美、创造美的音乐素质。

以上是我的说课，请各位专家批评指正，谢谢！

# 第六节　综合领域说课案例

## 小班综合活动《趣说鞋子》说课稿

尊敬的各位老师：

大家好！今天我说课的题目是小班综合活动《趣说鞋子》，下面我主要围绕说设计意图、说活动目标、说活动准备、说教学方法、说活动过程、说活动反思六个方面来进行说课。

### 一、说设计意图

鞋子是幼儿每天都要用到的生活用品，鞋子的造型千变万化，幼儿对自己的鞋子也很感兴趣，他们有时候会一起讨论自己的鞋子："我的鞋子上面有超级飞侠的贴画。""我的鞋子是妈妈过生日给我买的，晚上会发光的。"幼儿也有在家里穿大人鞋子的经历。但是成人的鞋子和幼儿的鞋子有什么不同呢？为什么鞋子造型不同呢？鞋子有什么特点呢？这些都是幼儿没有注意到但是值得去探究的地方。《3－6岁儿童学习与发展指南》中提出："要珍视游戏和生活的独特价值，创设丰富的教育环境，合理安排一日生活，最大限度地支持和满足幼儿通过直接感知、实际操作和亲身体验获取经验的需要。"所以，我打算以鞋子为对象开展本次活动。

### 二、说活动目标

儿童的发展是一个整体，考虑到幼儿的年龄特点、身心发展水平以及现实社会对幼儿的要求，我从认知、能力、情感三个维度设计活动目标。

1. 感知不同鞋子的不同特征，说出不同鞋子的名称并了解其穿着场合。

2. 根据鞋子的特征进行简单的配对与分类，并用完整的语言说出自己的分类标准。

3. 认真投入游戏活动中，感受和同伴一起游戏的乐趣。

本次活动重点是幼儿能够感知不同鞋子的不同特征，说出不同鞋子的名称并了解其穿着场合。活动难点是幼儿能根据鞋子的特征进行简单的配对与分类，并用完整的语言说出自己的分类标准。

### 三、说活动准备

根据幼儿思维的具体形象性以及活动需要，我准备了如下的材料：各种各样的鞋子

（皮鞋、雨鞋、高跟鞋、运动鞋、凉鞋、拖鞋），一个鞋架，一个空的箱子。

## 四、说教学方法

《纲要》中指出"教师应成为幼儿学习活动的支持者、合作者和引导者"，在活动中力求"合作式探究学习方式"。因此，在本次活动中主要采用观察法、提问法以及情境式教学法，通过对这三种教学法的整合交替使用，让幼儿与多媒体中的形象进行对话，激发幼儿的学习兴趣，从而达成教学效果。

## 五、说活动过程

为了突出重点，突破难点。本次活动共分以下三个部分进行：

### （一）导入部分

出示一个装着鞋子的箱子，请幼儿猜猜里面有什么，激发幼儿对活动的兴趣。此环节用时1分钟。

### （二）展开部分，共分为三个步骤

1. 直观感受，帮助幼儿认识不同鞋子。我会打开快递箱，展示里面的皮鞋、雨鞋、高跟鞋、运动鞋、凉鞋和拖鞋，请幼儿说出它们的名称以及什么时候穿、谁穿。

我会请幼儿上来看一看、摸一摸鞋子，鼓励幼儿说出不同鞋子的特点（材质、颜色、用途、名称等）。

2. 动手操作，让幼儿整理鞋子，学会简单的分类和配对。首先，我会引导幼儿将鞋子一双一双摆放整齐。问一问幼儿："你刚才整理的是什么鞋子？它们有什么相同的地方？"幼儿回答后，我会帮助他们总结："两只颜色、样式、材质、大小一样的鞋子，可以配成一双鞋子。两只一模一样的鞋子我们可以用'对称'来形容。"在操作后学习"对称"一词，幼儿会更好理解。

3. 难度进阶，学习整理鞋柜。接着，我会引导幼儿根据鞋子的类型整理鞋柜。我会展示一个空的鞋柜："每一层鞋柜是一种鞋子的家，请你把相同类型的鞋子摆放进同一个家中。"幼儿在尝试的过程中，我也会个别指导："这是 XX 鞋子的家吗？XX 鞋子什么时候穿？"最后在幼儿分好后进行提升："皮鞋一般是正式场合穿；雨鞋是下雨的时候穿；高跟鞋是妈妈穿裙子或者正式场合穿；运动鞋是做运动的时候穿；凉鞋是夏天比较凉爽、平常在楼下游戏等时候穿；拖鞋是在家里或者睡觉、起床上厕所、去海滩等时候穿。"

### （三）结束部分

学会了分类和配对后，我会和幼儿玩一个穿鞋的小游戏。播放音乐，让幼儿穿着自己的鞋子跟着音乐做律动，并记住自己的感受。接着播放音乐，让幼儿选择一双自己喜欢的大鞋换上，跟着音乐做律动，并记住自己的感受。游戏结束，请幼儿说说穿着自己的鞋和大鞋游戏时的不同感觉，并帮助幼儿总结："大家要穿适合自己的鞋子才会舒服、安全，并且有利于身体健康。"

最后,来说说我的活动延伸部分。我会请幼儿回家认一认家人的鞋子,说一说鞋子的名称,谁穿的,什么场合穿的,并尝试和家长一起整理鞋柜,给鞋子配对。

## 六、活动反思

本次活动,我从幼儿的现实需要出发,让幼儿在活动中学、在活动中做,引导幼儿自主尝试、合作探究、建构认知、深度学习,从而成为更好的自己。

# 中班综合活动《妈妈的味道》说课稿

## 一、说设计意图

幼儿园昨天开展了美食节活动,幼儿在品尝美食的过程中展开了激烈的讨论。毛毛说:"妈妈做的小蛋糕是甜甜的。"静静说:"妈妈做的荷包蛋是咸咸的。"还有好多美食,它们是什么味道呢? 故事《妈妈的味道》是一个温馨且充满童趣的作品,以折叠段和对话的形式叙述了"妈妈与宝宝讨论食物味道"的故事。《指南》指出 4～5 岁的幼儿"能根据连续画面提供的信息,大致说出故事的情节。"因此,我顺应幼儿的兴趣和需要,基于幼儿的已有经验及身心发展水平,生成了本次活动《妈妈的味道》。

## 二、说活动目标

儿童的发展是一个整体,考虑到幼儿的年龄特点、身心发展水平以及现实社会对孩子的要求,我从认知、能力、情感三个维度设计活动目标。

1. 理解故事《妈妈的味道》的大致内容,知道妈妈对宝宝的爱。

2. 根据连续画面提供的信息,大致说出故事的情节,大胆发挥想象,尝试续编故事。

3. 感受妈妈的爱,加深对妈妈的爱。

本次活动的重点是理解故事《妈妈的味道》大致内容,大致说出故事的情节;难点是大胆发挥想象,尝试用故事中的句式续编故事,感受妈妈的爱,加深对妈妈的爱。

## 三、说活动准备

考虑到幼儿思维的具体形象性以及活动需要,我从物质和经验两个方面做了准备。物质准备有 PPT、图片、背景音乐、一段妈妈为准备饭菜的视频等。经验准备是幼儿在昨天的美食展活动中已经品尝并讨论了妈妈所做食物的味道。

## 四、说教学方法

《纲要》中指出"教师应成为幼儿学习活动的支持者、合作者、引导者",在活动中力求"合作式探究学习方式"。因此,在本次活动中主要采用观察法、提问法以及情境式教学法,通过对这三种教学法的整合交替使用,让幼儿与多媒体中的形象进行对话,激发幼儿的学习兴趣,从而达到教学的效果。

### 五、说活动过程

本次活动通过导入、展开和结束三个部分进行。根据《指南》《纲要》的精神,我将充分尊重并发挥幼儿的主体性,采用多感官参与法、表演法、情境法、讨论法、问答法等方法,突出重点,突破难点,达成目标,促进活动的顺利开展。

#### (一) 导入部分:谈话导入,激发兴趣

"小朋友们,今早妈妈为你们做了什么好吃的呀?是什么味道的呢?哦,琪琪吃了香香的烧卖;天天吃了咸咸的荷包蛋……有一个小朋友的妈妈呀,给他做了一大堆好吃的,会是什么味道的呢?让我们一起听听故事《妈妈的味道》。"该环节为接下来欣赏故事做铺垫,预计用时 5 分钟。

#### (二) 展开部分:分为三个步骤

1. 倾听故事,理解内容。首先,我会为幼儿有感情地讲述故事,幼儿初步感知故事内容,然后,我进行提问:"小朋友们,故事里的妈妈都为宝宝做了哪些好吃的?它们是什么味道的呢?"根据幼儿的回答,我会结合有声课件在大屏上呈现食物等图片,帮助幼儿理解故事内容。

2. 再次倾听,复述故事。我会播放故事视频,幼儿试听结合,再次欣赏故事,并尝试用"什么是什么味道,什么的味道真好"这样的句式复述故事。

3. 结合经验,续编故事。首先,我会引导幼儿从外形特点、生长环境等方面思考荷包蛋和太阳、木耳和大山等事物间的联系。幼儿结合生活经验,大胆发挥想象力,续编故事,从生活的点滴中感受妈妈的爱,在故事续编中加深对妈妈的爱。

#### (三) 结束部分:直观体验,感受母爱

在活动的最后,我会播放一段记录某位幼儿妈妈买菜、洗菜、做菜的视频,幼儿通过直观的视频感受妈妈为宝宝准备饭菜的辛苦。然后,播放歌曲《我的好妈妈》,在歌唱活动中表达对妈妈的感恩与爱,在音乐中自然结束。

最后,我来阐述延伸部分。本次活动我将在阅读区投放绘本《我妈妈》《我的妈妈是超人》,后续我还会开展一次亲子体育活动《网鱼》,帮助幼儿和妈妈在游戏过程中加深对彼此的爱。

### 六、说活动反思

本次活动以幼儿的兴趣为出发点,寓教于生活和活动之中,让幼儿在活动中学,在活动中做,通过直接感知、亲身体验、合作探究、建构认知、深度学习,成为更好的自己。

# 大班综合活动《守时小达人》说课稿

## 一、说设计意图

在实习期间,我观察发现部分幼儿经常迟到,和家长沟通了解到幼儿喜欢赖床,缺少时间观念。《幼儿园教师专业标准》指出,教师应该注重保教结合,培养幼儿良好的意志品质,帮助幼儿养成良好的行为习惯。守时是一种美德,但对于幼儿而言,比较抽象,难以理解。因此基于幼儿的现实需要和身心发展水平,我设计了本次活动《守时小达人》,希望能够帮助更多的幼儿养成珍惜时间的好习惯。

## 二、说活动目标

儿童的发展是一个整体,考虑到幼儿的年龄特点、身心发展水平以及现实社会对孩子的要求,我从认知、能力、情感三个维度设计活动目标。

1. 了解不守时会带来很多麻烦,懂得守时的重要性。
2. 在帮助小虎解决不守时的烦恼过程中学会怎样守时。
3. 逐步养成守时的意识。

本次活动的重点是懂得守时的重要性;难点是学会守时的办法,逐步养成守时的意识。

## 三、说活动准备

根据幼儿思维的具体形象性以及活动需要,我从物质和经验两个方面做了准备。物质准备有《守时小达人》课件、动画模拟器、入园打卡表等;经验准备是幼儿已经熟悉故事《不守时的烦恼》的大致内容。

## 四、说教学方法

《纲要》中指出"教师应成为幼儿学习活动的支持者、合作者、引导者",在活动中力求"合作式探究学习方式"。因此,在本次活动中主要采用观察法、提问法以及情景式教学法,通过对这三种教学法的整合交替使用,让幼儿与多媒体中的形象进行对话,激发幼儿的学习兴趣,从而达到教学效果。

## 五、说活动过程

为了突出重点,突破难点。本次活动共分以下三个部分进行:

### (一) 导入部分:回忆故事,理解守时重要性

在活动的开始,我会通过发散式提问,帮助幼儿回忆故事内容,思考故事中的小虎都有哪些不守时的表现、为什么会有这些烦恼。幼儿在回忆故事的同时初步理解守时

的重要性。预计用时 3 分钟。

（二）展开部分：分为三个步骤

1. 结合生活，体会不守时的烦恼。幼儿结合生活经验，深入感知不守时带来的麻烦。生活决定了教育，教育不能脱离生活，通过唤醒幼儿的生活经验，直观感受不守时带来的烦恼。

2. 创设情境，帮助小虎学会守时。我会创设一个小虎明天要春游的情境，请幼儿分组讨论可以帮助小虎守时的方法。考虑到幼儿具体形象性的思维特点，我会将他们讨论的结果以图片的形式呈现在大屏上，再将"睡前订好闹钟""提前出门""前一晚收拾小书包"等守时的方法投入动画模拟器中，帮助幼儿更加直观形象地感受这些守时的方法成功帮助了小虎。以上两个步骤主要运用了多感官参与法、讨论法，有利于突出活动重点，达成活动目标统一。

3. 实践统计，循序渐进学会守时。针对入园迟到这一现象，我会引导幼儿思考守时的好办法，小组讨论后与他人分享交流。我还会在班级门口设置入园打卡表，每天按时入园的幼儿可以在自己的名字后面放一朵小红花，每周五我和幼儿共同统计一周谁名字后面的小红花最多，评选出一位守时小达人，帮助幼儿树立时间观念，逐步养成守时的好习惯。该步骤有利于突破活动难点，达成活动目标二。

（三）结束部分：角色游戏，体验守时的乐趣

幼儿自选角色，在欢快的音乐声中，进行角色游戏《我最守时》。通过愉快的游戏体验进一步感受守时的重要性，体验守时的快乐，做一个守时的好宝宝。该部分预计用时5 分钟。

最后，来说说我的活动延伸部分。由于我班幼儿即将毕业去上小学了，因此本次活动结束后我会开展一次社会活动《课间 10 分钟》，在活动中巩固理解时间的宝贵，并为幼小衔接做准备；同时我会开展一次音乐活动《小时钟在说话》，让幼儿在音乐中深入感知珍惜时间的重要性。

六、说活动反思

本次活动，我从幼儿的现实需要出发，让幼儿在活动中学、在活动中做，引导幼儿自主尝试、合作探究、建构认知、深度学习，从而成为更好的自己。

课后练习

1. 举例说明同一个"领域"说课稿在大、中、小班的差异。

2. 在幼儿园"五大领域"中，各选一个活动主题，撰写五份说课稿并在班级内进行交流评价。

中 篇

模拟授课

# 第五章
# 幼儿园模拟授课概述

## 学习目标

1. 了解幼儿园模拟授课的概念、特点及类型。
2. 知道幼儿园模拟授课的基本结构。
3. 熟悉幼儿园模拟授课的一般要求及评价标准。
4. 理解幼儿园教师资格证面试流程及评分标准。

## 第一节  幼儿园模拟授课的意义

幼儿园模拟授课是近年来国内教育领域兴起的一种教研活动。幼儿园模拟授课，顾名思义，就是在没有幼儿的环境下，幼儿教师模拟真实教学情景，在不超过规定的有限时间内，通过口语表达、体态语言和其他教学技能与组织形式的展示，按照预先设计的教学方案完成教学任务的一个过程。幼儿园模拟授课是一种全新的教学形式，因其较强的针对性、实战性和易操作性，以及教学实施的低成本等特点，很快就在幼儿教师招聘、幼儿园教师资格证面试以及各种幼儿教师学前教育专业师范生技能比赛领域里占有一席之地。

"幼儿园模拟授课"也称为"无幼儿的上课"，就是幼儿教师模拟集体活动的情景，把一次教学活动中的主要过程在没有幼儿的情况下用自己的语言、动作模拟出来。它是一种将个人备课、教学研究与活动实践有机结合在一起的教学活动，不仅突出教学活动中的主要矛盾和本质特征，同时又能摒弃次要的非本质因素，使教学研究的对象从客观实体中直接抽象出来，一般有活动导入、活动结束、活动延伸等内容，不必追求活动内容的完整性，具有省时高效的特点。

# 第二节　幼儿园模拟授课的界定

## 一、幼儿园模拟授课与幼儿园说课的区别

如果幼儿园说课是一场"讲座"的话，它既有满腹经纶的议论，也有精彩绝伦的演绎，那么幼儿园模拟授课就是一场"话剧"，有波澜起伏的情节，也有绘声绘色的对话，只不过话剧的演员只有执教者一人，即教师本人自编、自导、自演。

幼儿园说课通常要说活动的名称、内容、目标、重难点、流程等。说课不仅要说出"怎样教"，还要说清"为什么这样教"。要让听者不仅要知其然，还要知其所以然，比较侧重理性层面的思考。

幼儿园模拟授课则是幼儿园说课的延伸和补充，选取幼儿园说课中教学流程主要部分把它具体化。把活动的内容、目标、重难点等通过幼儿园模拟授课表现出来，更侧重于实践性和操作性。主要是围绕教学内容中的某一两个问题模拟实际教学，一般时长在8～10分钟。

## 二、幼儿园模拟授课与微型课的区别

### 1. 时长不同

幼儿园模拟授课时长一般在10分钟左右，最多不超过15分钟（江苏省师范生教学基本功大赛模拟授课8分钟，专家提问2分钟）；微型课时长在20分钟左右，最多不超过25分钟。

### 2. 流程不同

幼儿园模拟授课的主要流程是揭示课题和新知探究，不要求授课环节的完整性，对于次要环节如果要陈述，也是一带而过。微型课主要流程与正式上课流程基本相同，不仅要求环节完整，而且对于教学活动安排、师幼交流、幼幼互动、结果评价都要呈现，对于每一项教学活动的任务、要求、目的都要说明清楚。

## 三、幼儿园模拟授课与真实上课的区别

### 1. 对象不同

幼儿园模拟授课是在面试过程中由专家评委评判应试者所教授的内容是否合适，同时观察、研究应试者的一举一动，诊断应试者组织的好坏，对应试者面试成功与否做出评判，决定应试者是否可以被录用，这样的情形会使应试者产生无形的压力。

常规幼儿园活动组织的对象是幼儿园幼儿，教师心理上有一定优势，不会形成较大压力，同时师幼配合比较默契，教学内容有一定的连贯性，幼儿有一定预期心理。

**2. 目的不同**

常规课堂教学是循序渐进的,达到教学目标是最终目的。教师讲课的成败,不是通过单独的 10 分钟,或者一两节课的考查来评判的,而是通过长期的教学来实现的。如做幼儿思想工作、端正幼儿的学习态度、传授幼儿学习方法等,都需要一定时间的铺垫。而幼儿园模拟授课是以教学内容与环境为展示的载体,不能脱离幼儿园活动环节,必须达到一定的教学效果,但最终的目的是表现出自己拥有成为一名优秀教师的潜力,尽量利用有限的时间把自己最优秀的一面展示出来,让评委赏识你,并最终录用你或者认可你。

**3. 教学内容安排不同**

面试时,幼儿园模拟授课展示自己才华的时间是非常短暂的,这个时间值是不确定的,有长有短,有时仅仅为几分钟。应试者要让评委能认真听你继续讲下去,继续保留一种期待,甚至听出兴趣,你必须在每一时间段都高质量地展示自己的才华。为此,应试者可以采用时空分割法。如"上次活动我们一起……我们初步了解了……今天我们请来了……","刚才……后面又会发生什么事情呢? 我们一起……"这样十几秒钟的话便可以很快把评委吸引到另一个活动环节之中,充分展示自己不同的教学才华。此外,教学内容的安排不能贪大求全,不能坚持将每个相关知识点的来龙去脉都讲清楚,要学会截取一个相对独立的侧面。而常规幼儿园活动的时间一般是固定的,教师最重要的不是展示自己的才华,而是组织幼儿主动获取知识和技能,重点在于增长幼儿知识,启迪幼儿思维,学会求知方法,在具体讲解过程中,也要注意区分重难点。

**4. 组织教学不同**

幼儿园模拟授课与一般幼儿园活动在活动设计上是相同的,如活动名称、活动目标、活动准备、活动过程和活动延伸等。在活动过程中,目光的组织与交流作用、形体语言对于教师思想的传递与延伸同样存在。但最根本的差异是幼儿园模拟授课最终目的是实现应试者的选拔。同样这种差异在教学中主要有以下几个方面。

(1)组织重要性差异

一般幼儿园活动是师幼在长期教学过程中通过师幼互动逐渐相互了解并形成一定的思维习惯而进行的日常活动。而幼儿园模拟授课时,师幼之间缺乏充分的了解和相互之间的情感支持,除了需要活动内容引人入胜外,应该特别注重活动组织。在组织活动的过程中,兼顾到下面评委的感受,观察他们的情绪反应,以及时调整活动。

(2)组织艺术差异

在常规活动中,教师的目光是直视幼儿眼睛的,是一种"无声"的教学语言。而幼儿园模拟授课时,台下都是评委,应试者的目光切记不能咄咄逼人,这样会直接影响应试者在评委心中的形象。应该短暂扫过对方眼睛和嘴之间的部分,以体现出对对方的尊重和关注。

(3)组织形式差异

常规活动的组织形式多种多样,如启发法、讨论法、探究法等运用得非常多,活动效果也非常好,但非常占时间,并且有的需要几节课的支持与协同,才能完成。而对于幼儿园模拟授课的应试者,时间是有限的,这些方法在试讲过程中应适当地节制,避免出现尴尬场面。

## 模拟授课中可借鉴的教育家理念

1. 维果茨基最近发展区理论

维果茨基指出:应至少确定儿童发展的两种水平:第一种水平是现实发展水平,第二种水平是潜在发展水平。最近发展区使我们看到了儿童发展的可能性。因此,"教学应当走在发展前面"。

2. 加德纳多元智能理论

加德纳在《新智架构》里诠释了七种相对独立存在的智力:语言智力、逻辑—数学智力、音乐智力、肢体运动智力、空间智力、人际智力、内省智力。1995 年他又提出了第八种智力,即自然智力。他让教育工作者用多元的标准评价学生,并为学生创造适合其智力优势的学习环境。他认为每个人都有多种智力,每种智力都应得到相应的发展。

3. 乌索娃学前教学理论

乌索娃认为应该最大限度地调动教师和儿童两方面的积极性,利用指示法、直观法、口授法、游戏法等方法来完成教学任务。她创造了"学前教学指示法",要求教师不仅把知识技能传授给儿童,同时教授儿童掌握知识技能的方法要领,发挥教与学两方面的积极性。她认为在教学中儿童不仅是教学的对象,而且是教学的主体。

4. 皮亚杰认知发展理论

皮亚杰指出:由于各种发展因素的相互作用,儿童思维发展是具有阶段性的;各阶段都有它独特的结构,标志着一定阶段的年龄特征;各阶段的出现,从低到高是有一定次序的,不能逾越,也不能互换;前一阶段为后一阶段做准备,后一阶段和前一阶段相比,有质的差异;两个相邻阶段之间不是截然划分的,而是有一定交叉的。

5. 杜威教育即生活观点

杜威指出,儿童的本能生长总是在生活过程中展开的,或者说生活就是生长的社会性表现。他说:"生活即是发展;发展、生长,即是生活。"在杜威看来,最好的教育就是"从生活中学习",学校教育应该利用儿童现有的生活作为其学习的主要内容。

6. 福禄贝尔发展的原则

福禄贝尔主张,不能把人及其人性看作是"一种已经充分发展的和完全形成的、一种已经固定和静止的东西"，而应当看作是"一种经久不断地成长着的、发展着的、永远活着的东西，永远朝着以无限性和永恒性为基础的目标，从发展和训练的一个阶段向另一个阶段前进的东西"。因此，我们应该用发展的眼光看待儿童。

**7. 卢梭自然教育观**

卢梭指出，真正的教育应当是顺应儿童天性发展的教育，即自然教育。自然教育的核心思想是：强调对儿童进行教育必须遵循自然的要求，顺应儿童的自然本性，即顺应儿童身心自然发展的特点进行教育。他反对成人按照自己的意志强迫儿童接受教育，干涉、限制儿童的自由发展。他要求把儿童在教育中的被动地位变为主动地位，教师多给儿童自由，尊重儿童的天性，使儿童真正成为教育上的主人。

**8. 夸美纽斯的游戏观**

夸美纽斯认为，游戏是最适合儿童的活动方式。儿童游戏时，其精神专注于某种事物，自然本身在激发他们去做事。用此手段，儿童可受到一种积极生活的锻炼而没有任何困难。

**9. 陈鹤琴活教育理论**

目的论："做人，做中国人，做现代中国人。"

课程论："大自然、大社会，都是活教材。"

方法论："做中教、做中学、做中求进步。"

**10. 陶行知生活教育理论**

生活即教育：生活是教育的源泉、生活就是教育、为生活需要的教育。

社会即学校：以社会生活作为教育的范围，整个的社会是生活的场所，也是教育的场所，使教学的课堂扩延到大社会和大自然中去。

**11. 张雪门论幼稚园行为课程内容选材标准**

"应适合于儿童的需要"；

"应顾及社会生活的意义"；

"应在儿童自己的环境里搜集材料"；

"应顾及社会生活的需要"。

## 第三节  幼儿园模拟授课的类型

幼儿园模拟授课的类型一般有三种：面试幼儿园模拟授课、竞赛幼儿园模拟授课、能力测试幼儿园模拟授课。

面试幼儿园模拟授课是人事部门、教育单位在招聘教师面试过程中经常采用的环节,一般由相关单位负责人组织实施,有的教研室主任也参与面试工作。教师是特殊职业,仅仅通过简历是无法判断、识别应聘者的真实能力的。一般情况下,应聘组织部门都会组织面试与试讲,往往是几轮下来,一个一个遴选甄别。面试幼儿园模拟授课主要是初步考察应聘者是否具有教师岗位所需要的基本素养和基本技能,起到初选作用。通常并不讲授完整一节课,一般 10~15 分钟即可。试讲通常采用即兴命题形式,考查应聘者对某课程的驾驭能力。

竞赛幼儿园模拟授课是校级、市级、省级以及国家级相关部门在组织在职教师或学前教育师范生进行大赛时经常采用的竞赛项目之一,且分数占比较高。例如江苏省师范生教学基本功大赛中,幼儿园模拟授课通常考核的内容为教育活动设计技能。考核采用幼儿园模拟授课方式进行。选手抽签决定幼儿园模拟授课顺序,独立准备 60 分钟,幼儿园模拟授课时间为 8 分钟,专家提问 2 分钟。幼儿园模拟授课内容为 8 分钟课堂教学片段,选手可以选择一课时中任意一段进行 8 分钟教师活动展示,比赛现场一般无幼儿,赛点提供幼儿园模拟授课所需教具,选手不得自带。而在全国职业院校技能大赛中,模拟教学融入技能展示,完成时间为 9 分钟。选手以给定的活动主题为题,运用给定的素材进行教育活动设计并模拟教学,要求目标与内容符合幼儿年龄特点,活动过程丰富,师幼互动充分,活动效果好,并能有机融入、完整呈现所要求的歌曲弹唱(或者歌表演、故事讲述)等技能,考查选手熟练运用所学技能,设计和组织幼儿园实际教学活动的能力。项目提供歌曲、故事等素材。需提交纸质版主题网络图、教育活动设计文稿供裁判参考。

能力测试幼儿园模拟授课一般在学校内进行,主要目的是对在职教师或学前教育师范生的一种能力培养与提升。通常有两种方式:一种是指定课程、指定章节的命题幼儿园模拟授课;一种是指定课程、不指定章节的自由幼儿园模拟授课。

## 模拟授课中应具备的适宜儿童观和教育观

1. 儿童是独特的个体

"每个孩子都是独特的,是一个独特的个体类型,有独特成长的时间顺序,同样地,也拥有独特的个性、脾性、学习风格、经验背景以及家庭背景。所有的孩子拥有自己的长处、需求和兴趣。"教师要尊重儿童的个体差异,在教育中寻找他们的亮点。儿童是有个性的,在活动中要为儿童个性的成长提供充足的空间。

2. 儿童是平等的

要让儿童享有公平的权利,教师要给予儿童均等的机会、空间和可能。在教育中注重让幼儿体验公平轮流,培养儿童的集体责任感。

3. 儿童需要在适宜的环境中成长

环境包括物质环境和精神环境两个方面。儿童的学习和成长总是在与环境和材料的互动中形成的,所以教师要营造良好的氛围,提供适宜的材料,要发挥社区环境的作用。

4. 儿童是积极主动的学习者

儿童是主动发展的个体,有好玩、好动、好奇的天性,他们喜欢各种各样的户外活动。教师要最大限度地发掘和支持他们的主动性。

5. 儿童的发展是整体的

儿童的发展离不开生活,他们发展的整体性,使其与各个领域的发展密切相关。生理、社会性、情感以及认知等幼儿发展的各个领域紧密相关。某一领域的发展影响着其他领域的发展,同时也受其他领域发展影响。某一领域的发展能够限制或促进其他领域的发展。例如,当幼儿学会爬或者走,他们探索世界的能力得到扩展,他们的行动力反过来影响认知的发展。

6. 要注重幼儿社会性的发展,帮助幼儿养成良好习惯,让幼儿保持积极向上的情感

学前阶段是个体社会性快速发展的时期,良好的氛围和来自成人的积极回应能让幼儿亲社会能力得到发展。同时,这一时期也是幼儿良好品行和行为习惯养成的关键期。陈鹤琴说:"孩子是喜欢听表扬的。"所以,教师要加强正面教育,从正向与积极的角度来肯定幼儿的努力。

# 第四节　幼儿园模拟授课的基本结构

## 一、准备时间

幼儿园模拟授课要求时长一般不超 10 分钟,而模拟授课前准备的时间必须是充分的。通常面试准备时间 1 个小时,在无网络、无参考资料的前提下进行,选手主要是熟悉题目、撰写教案、尝试试讲、进一步完善等。江苏省师范生教学基本功大赛幼儿园模拟授课比赛中,选手准备时间 1 个小时,要求在无网络、无参考资料的基础上,完成教案编写,模拟授课时间 8 分钟,专家提问 2 分钟。准备阶段选手主要做的有:

### 1. 初读题目,熟悉内容

因为面试只有题目,这是你手头最有价值的资料。一般无网络、无参考资料。如果需要制作课件,组委会会提供电子素材包。

**2. 精心备课，撰写教案**

在确定了教学目标、教学重难点以后，主要任务是设计出各个主要活动环节的内容，以及活动的导入语、过渡语和结束语等。

**3. 尝试试讲，修改完善**

教案撰写完毕后，要留有足够的时间进行试讲。在试讲中发现问题，及时调整不恰当的步骤或对个别环节进一步修改完善。

## 二、授课时间

在实际比赛过程中，经常会发生这样的情况：有的选手已经快到比赛结束时间，然而还有精彩内容没有呈现出来；有的选手离比赛结束还有几分钟，可是教学内容早早就讲完了，一下子变得无所适从。究其原因，大多是在教学准备阶段没有合理安排教学时间，科学安排教学活动时间的意识不强。

日常教学活动一般来说包括：创设情景，导入活动；合作探究，感悟新知；角色扮演，游戏体验；总结拓展，活动延伸等几个环节。结合比赛的具体特点，可以将上面四个环节缩减为：活动导入、探索新知和总结拓展三个方面，以时长 10 分钟为例。

**1. 活动导入 1 分钟左右**

由于比赛的特殊性，导入不宜迂回曲折，最好简明扼要，开门见山。以 1 分钟左右为宜。

**2. 探索新知 8 分钟左右**

新授是幼儿园模拟授课环节的主体，在这个环节应该会花费最多的时间，以 7～8 分钟为宜。利用这宝贵的 8 分钟左右的时间突出重点，化解难点，实现活动目标。这 8 分钟的教学活动，幼儿是活动的主体，教师是活动的引导者、合作者和组织者。由于比赛的特殊性，教师活动时间可以适当延长至 6 分钟左右，幼儿活动时间可以缩短为 2 分钟左右。

**3. 总结拓展 1 分钟左右**

最后的收尾环节宜干净利落，不可拖泥带水，以 1 分钟左右为宜。

**知识链接**

### 模拟授课教案撰写过程中应注意的问题

1. 幼儿园活动的目标、内容、过程

（1）幼儿园活动的目标

① 目标依据

以幼儿发展水平和特点为依据

以社会要求和时代要求为依据

② 目标特点

目标的全面性

目标的连续性

③ 目标依据

基于儿童的已有经验

关注领域特征,切忌求大求全

关注幼儿多方面的整体发展

(2) 幼儿园活动的内容

内容本身具有科学性和严谨性

活动过程要有趣味性和变化性

活动的要求和难度要具备适宜性

(3) 设计好具体活动过程

① 活动过程应符合幼儿的心理特征和学习规律

② 活动过程要具有逻辑性和层次性

③ 教师要做好活动的准备工作

④ 活动的过程应体现出多方位的有效互动

⑤ 活动过程的设计要具有开放性和弹性

⑥ 活动设计要体现出真实性和可操作性

(4) 规范写好教学活动方案

活动名称(活动领域、适应年龄)

活动目标

活动准备

活动过程

活动延伸

(5) 设计活动方案中应注意的事项

① 活动设计是一个循环的动态过程

② 在活动设计中要考虑到幼儿的主体地位,不断丰富活动的形式

2. 幼儿园教育工作的原则

(1) 体、智、德、美教育相互渗透,有机结合;

(2) 既重视幼儿年龄特点,又重视幼儿的个体差异;

(3) 热爱幼儿,坚持积极鼓励、启发引导的正面教育;

(4) 寓教育于幼儿一日生活中;

(5) 创设与教育相适应的良好环境,为幼儿提供活动和表现能力的机会与条件;

(6) 以游戏为基本活动,寓于各项活动之中;

（7）关注、支持和引导有特殊需要的儿童。

3. 有效的教与学

（1）有效的教

建立与家长的合作工作关系；

教师在日常生活和活动中示范各种正向行为；

使用丰富的语言和正确的语法；

幼儿相互教；

以一种积极影响幼儿学习态度的方式与幼儿进行相互作用并支持幼儿；

为幼儿的学提供一个积极的情境；

评估幼儿的发展进步。

（2）有效的学

幼儿发起的能够促进学习和使他们能够相互学习的活动；

幼儿运用动作和所有的感官来学习；

幼儿有深入钻研自己的想法和兴趣的时间；

幼儿具有安全感，这有助于他们成为有信心的学习者；

幼儿以不同的方式、不同的速度学习；

幼儿在学习中建立事物之间的联系；

创造性和想象性游戏有助于幼儿语言的发展和运用。

# 第五节　幼儿园模拟授课的评分标准

幼儿园模拟授课评价标准应反映当下幼儿教育政策的基本精神，如《3—6岁儿童学习与发展指南》《幼儿园教育指导纲要（试行）》和《幼儿园工作规程（试行）》等，这些幼教政策为模拟授课教案的设计与展示提供了科学、具体的指导思想，在评价的过程中应根据这些文件精神制定评价标准，以保证活动方向的正确性。本书参照多个国家级、省级相关大赛的模拟授课评分标准以及相关政策性文件和相关资料，整理归纳了如下模拟授课具体评分标准：

## 一、教学活动设计方案评分标准

| 内容 | | 评分标准 | 分值 |
|---|---|---|---|
| 模拟授课 | 活动目标 | 1. 目标符合《指南》和《纲要》精神，符合各领域总目标和幼儿年龄阶段特点。<br>2. 目标具体可操作，简洁明了，表述角度统一，针对性强，符合该年龄段幼儿的认知水平，难度适当，符合幼儿现实生活。<br>3. 充分体现本领域特点，能考虑各领域的内容相互渗透。 | 25 |
| | 活动准备 | 1. 活动前的环境创设、物质准备、经验准备均符合现实教学活动目标的要求。<br>2. 物质材料适宜，能最大限度地支持和满足幼儿探索、学习和操作需要。<br>3. 能有效运用现代化教学手段，适时、适当地增加活动的趣味性和实效性。 | 15 |
| | 活动过程 | 1. 活动过程设计结构严谨、层次清晰，各个环节之间过渡自然流畅、循序渐进、有层次感。<br>2. 精心组织教学环节，教学方法和活动组织形式适宜，能体现幼儿的主体性，动静交替，能为幼儿提供感知与操作的机会，安排充分的思考和探索时间。<br>3. 活动过程中幼儿有互动和运用已有经验的机会，敢于挑战和尝试。教师提问具有思考性、启发性、开放性特点；能预测教学活动过程可能出现的问题并能设计出相应教学活动策略。<br>4. 活动详略得当，重难点突破时间充分，能较好地突出重点，突破难点；教学手段设计针对性强，既适合于幼儿的认知特点，支持幼儿的学习，又有利于活动目标的达成。 | 35 |
| | 其他 | 1. 活动设计新颖，教学方法巧妙独特，有一定的创新和突破。<br>2. 活动方案书写格式规范完整，文字表述逻辑清楚，无错别字，无语句不通顺。 | 25 |
| 评分分档 | | 思路清晰合理，符合领域特点和幼儿特点。 | 90～100 |
| | | 思路较清晰合理，基本符合领域特点和幼儿特点。 | 75～89.9 |
| | | 思路欠缺，不太符合领域特点和幼儿特点。 | 60～74.9 |
| | | 该项未完成，视完成情况给分。 | 0～59.9 |

## 二、模拟授课现场展示评分标准

| 内容 | | 评分标准 | 分值 |
|---|---|---|---|
| 模拟授课 | 活动内容 | 能按照教学目标和教学程序，选取教学片段进行讲述，突出重点、突破难点，在规定时间内完成模拟教学内容。 | 20 |

(续表)

| 内容 | | 评分标准 | 分值 |
|---|---|---|---|
| 模拟授课 | 活动过程 | 1. 精心组织活动环节,动静交替,层次清晰,教学方法运用恰当。活动时间分配合理。<br>2. 根据活动内容创设学习情境,激发幼儿兴趣,支持幼儿学习。<br>3. 面向全体,关注幼儿主体性,利用积极的师幼互动调动幼儿的积极性和主动性。<br>4. 目标达成度高,活动方式多变,有充分的活动材料和活动空间,对幼儿的评价内容合理、时机恰当。<br>5. 有技能展示的内容部分效果良好,富有童趣。 | 40 |
| | 活动效果 | 1. 目标落实到位,幼儿在知识经验、方法技能和情感态度方面获得发展。<br>2. 活动中的幼儿热情、投入、专注,有互动和运用已有经验的机会,敢于挑战和尝试。<br>3. 活动方式有多种互动,为幼儿提供运用已有经验的机会,能够激发幼儿的好奇心和学习兴趣,培养积极主动、认真专注、不怕困难、敢于探究和尝试、乐于想象和创造等良好学习品质。<br>4. 教学过程具有创造性,特点鲜明。 | 25 |
| | 教师素质 | 1. 教态亲切大方,表情自然、丰富,有亲和力。<br>2. 语言规范,条理清楚,表达流畅,有感染力。<br>3. 灵活运用教育机智。<br>4. 时间把握准确(超时相应扣分)。 | 15 |
| 评分分档 | | 活动过程自然流畅,师幼互动充分,基本功扎实,实效高。 | 90~100 |
| | | 活动过程比较自然流畅,师幼互动较充分,基本功较扎实,教学实效较高。 | 75~89.9 |
| | | 活动过程基本完成,师幼互动不够充足,基本功较差,教学实效不足。 | 60~74.9 |
| | | 该项未完成 | 0~59.9 |

### 三、幼儿园模拟授课注意事项

#### (一) 设计新颖

幼儿园模拟授课是在幼教改革背景下诞生的,必须体现新的理念、新的教法和新的课改举措。特别是在学前教育师范生教学技能竞赛中,同一课题只有新中更颖,才可能达到出奇制胜、脱颖而出的效果,得到评委们较高的评价。切忌面面俱到、蜻蜓点水。

#### (二) 层次清晰

由于幼儿园模拟授课少了与幼儿的真实互动,一个环节与另一个环节之间所用的时间大大减少了,留给评委们思考的时间也随之减少,所以要有清晰的教学思路。情境创设需要直观明了,问题指向要聚焦突出,几个主要问题的解决过程要讲求实效。最好能清楚地展现预设如何做,可能出现的各种不同的学情,巧妙地抓学情进行教学,生动真实地模拟活动过程,重点要突出,理念要先进,观点要正确,方法要有效。

### (三)有效互动

通过对幼儿的回答进行复述的形式向评委传递课堂信息,以达到"有效"互动的目的。这个过程经常采用的关联语句可以是:

"正如刚才小朋友们说的那样,我们知道了……"

"这位小朋友的看法是……"

通过对幼儿的回答进行巧妙的评价,也能直接地向评委传递课堂信息,以达到"有效"互动的目的。这个环节通常采用的关联语句可以是:

"对呀,我们知道了……"

"这位小朋友的方法很好,他采用的……"

"真了不起!这位小朋友居然……"

通过对幼儿的众多的回答进行归纳总结,也可以向评委传递课堂信息,以达到"有效"互动的目的,这里一般采用的关联语句是

"刚才小朋友们讨论得非常热烈,有的……有的……"

"刚才大家发言很热烈,有的……有的……"

### (四)激情自信

幼儿园模拟授课时,老师一上讲台就要有充分的自信,给别人的第一感觉是这个老师精神状态不错。然后你开始像组织活动那样进行,话不一定要多,但是每句话、每个字都要说得清楚响亮、张弛有度,而且最好要有停顿和变化。尽量避免出现无意义的行为或胆怯的表现,而且不要有过多的口头禅。

教学活动的生命是什么?是幼儿参与学习活动的热情,也是幼儿园教师投身课堂教学的激情。在幼儿园模拟授课时,如果教师没有一点感情,说话声音很轻,语调平平淡淡,似乎是催眠曲,又怎么能调动幼儿学习活动的情趣,沉闷而又呆板的活动又怎能会有高质量的活动效果呢?

## 第六节 幼儿园模拟授课的评价标准

所有应试者都会面临一个共同的问题,即如何在有限的时间内,充分展示自己的长处,尽量隐藏自己的短板,从而获得评委的好评。评委在进行考查时,注重的是应试者的朝气、能力以及潜质。不同用人单位或大赛的评委在考查时,所使用的考查表可能各不相同,但考查的重点都是教学基本功,一般包括语言表达、教学内容、教学方法、个人才艺等几个方面。

## 一、语言表达

语言表达主要是指口语的表达艺术和形体语言的表达技巧。口语表达能力的基本要求是口齿清楚、语言流畅、音量适中、用语规范,有一定的启发性、生动性和科学性。形体语言的基本要求是自然大方、目光亲切、表情自然、手势恰当,并表现出激情、热忱和感情。

## 二、教学内容

教学内容主要包括内容的教育性、科学性、条理性和可操作性,难点和重点问题的把握与分析,提问的技巧以及教学方法的选择等。内容要全面、完整、无疏漏,同时突出重点、难点及关键点;内容的学习安排要由浅入深、由表及里,符合幼儿的认知特点和学习习惯;教学手段要多样化,恰当使用类比、归纳、图解、演示、举例及提问等方法。

## 三、教学方法

教学方法的基本要求是灵活多变、全方位展示。倘若使用多媒体,则要对课件精益求精,充分考虑到试讲的特点,不能喧宾夺主,过多占用教学时间。

## 四、个人才艺

在幼儿园模拟授课比赛中,也伴随着个人才艺的表演与展示,通常个人才艺展示项目有即兴幼儿歌曲弹唱、即兴幼儿舞蹈表演、即兴幼儿故事表演、即兴绘画等。在一次幼儿园模拟授课中,个人才艺表演一般包括上述项目内容的2~3项即可。

即兴幼儿歌曲弹唱考核内容是在规定曲目中,任意抽取一首完成弹唱。考核要求为:(1)具有相应的艺术表现能力,掌握声乐基础理论与技能技巧,弹唱完整、准确、流畅,歌唱咬字,吐字清晰,声音自然,表现具有儿童化特征;(2)伴奏音型、和弦配置合理,调式调性准确;(3)旋律弹唱整体视听效果好。

即兴歌表演考核内容是在规定曲目中,任意抽取一首完成。考核要求为:(1)掌握歌表演的基本舞蹈和表演技能,能合理运用各种舞蹈语汇进行创编和表演;(2)肢体动作协调,动作连接顺畅,舞蹈动作优美;(3)表情适宜,表演与歌曲情绪一致,适合幼儿学习与欣赏。

即兴儿童故事表演考核内容是在规定的幼儿故事中,任意抽取一个完成即兴表演。考核要求为:(1)讲述结构完整,主题贴切、鲜明;(2)旁白与角色语气分明,根据角色运用声音;语调有起伏,生动、自然、有童趣;(3)善于运用表情、动作传递真情实感,感染听众;(4)发音准确,口齿清晰,句子结构合乎语法规范,表达流畅。

即兴绘画考核内容要求为:(1)掌握油画棒或马克笔绘画的基本知识和技能;(2)能合理运用主题元素和绘画技巧进行命题创作;(3)主题鲜明、构图合理,富有美感和儿童趣味,具有新颖性和个性。

# 第七节  幼儿园教师资格证书面试流程及评分标准

教师资格笔试通过以后,接下来的时间幼师生都应该摩拳擦掌准备面试了。为了更好地做好面试工作,确保面试能顺利过关,必须了解幼儿园教师资格证的面试流程、注意事项以及评分标准。

## 一、面试流程

对于即将参加教师资格面试的学前教育师范生来说,了解考试流程应该是面试备考的首要环节,而且幼儿园类别的考试流程与中小学类别的并不完全相同,大家应有所准备。

### 1. 抽签确定考试顺序

考生持身份证、面试准考证按时到达考点后,先找到候考室,监考老师会安排考生排队依次抽签。这一次抽取的只是序号签,一般五人一组同时到抽题室备课,所以如果抽到比较靠后的序号,可能会等待较长时间。

### 2. 抽题备课

到达抽题室后,登录面试测评软件系统,计算机从题库中随机抽取试题,考生从抽取的 2 道试题中任选 1 道,经考生确认后,计算机打印试题清单。

考生持试题清单、备课纸进入备课室,撰写教案,准备时间为 20 分钟。

### 3. 面试

(1)回答规定的结构化问题。考生进入指定面试室,考官从题库中随机抽取 2 个规定问题,考生回答,时间 5 分钟。

(2)试讲(幼儿园模拟授课)。考生按照所抽试题内容和要求以及准备情况,进行试讲(幼儿园模拟授课),时间 10 分钟。

(3)答辩。考官围绕考生试讲(幼儿园模拟授课)内容和测试项目进行提问,考生答辩,时间 5 分钟。

## 二、面试注意事项

### 1. 仪表仪态

面试不同于笔试,考官对考生外在表现的印象也会在一定程度上影响最终得分。仪表仪态往往是留下第一印象最重要的方面。考生从面试室外推门进入考场的一刹那,考官就会建立对他(她)的整体印象。所以面试穿衣还是有讲究的,要正式中透露大方和得体,不要过于呆板,最主要就是穿出自信。除了衣着之外,精神状态往往更为重要。一个好的幼儿园老师应该是充满活力、有朝气、有感染力的。所以从推门进入考场开始就要向考官展示自信、亲切的笑容。

另外,作为考生,你的举手投足都被考官清清楚楚地看在眼里,谦虚的问候礼仪、得体的教姿教态都会给考官留下很好的印象。

### 2. 活动设计

考官一直听考生的试讲(幼儿园模拟授课),难免会疲劳。所以我们在活动设计过程中要尽量加入一些能够吸引考官眼球的亮点。例如,在导入环节设置比较活泼生动的内容,如手指谣、儿歌导入等;在展开部分设置与幼儿的互动,把考官当成幼儿,虽然考官不会有所回应,但是目光的交流也会给我们加分;在结束环节,要适当挖掘整个活动的深层意义,说出活动主旨、升华主题。

## 三、面试评分标准

表7-1　面试评分标准

| 序号 | 测试项目 | 权重 | 测评要素 | 表现程度与等第评定标准 | | |
|---|---|---|---|---|---|---|
| | | | | 优(10~9) | 中(8~6) | 差(5~0) |
| 1 | 职业认知 | 10% | 职业认同<br>职业态度 | 1. 有较强的从教愿望,对幼儿教师职业有正确的认识,清楚了解其基本内容和职责;<br>2. 热爱幼儿,尊重幼儿,有强烈的责任心。 | 1. 有从教愿望,基本了解幼儿教师职业的基本内容和职责;<br>2. 对幼儿有爱心、责任心。 | 1. 对幼儿教师职业认识不清;<br>2. 对幼儿缺乏爱心、责任心。 |
| 2 | 心理素质 | 10% | 情绪调控<br>性格特征 | 1. 有较强的情绪调控能力,能较快地进入正常情绪状态;<br>2. 非常乐观开朗,自信心强。 | 1. 有一定的情绪调控能力,进入正常情绪状态较慢;<br>2. 乐观开朗,有自信心。 | 1. 情绪调控能力较差,难以控制自己的情绪;<br>2. 悲观消极,自信心不足。 |
| 3 | 仪表仪态 | 10% | 行为举止<br>服饰仪表 | 1. 行为举止自然大方,有礼貌,态度亲和;<br>2. 服饰得体,整体协调,符合幼儿教师职业特点。 | 1. 行为举止比较自然大方,较有礼貌;<br>2. 服饰基本符合幼儿教师职业特点。 | 1. 行为举止拘谨,不够自然,缺乏礼貌;<br>2. 服饰不符合幼儿教师职业特点。 |
| 4 | 交流沟通 | 15% | 言语表达<br>倾听理解 | 1. 与幼儿交流沟通能力强。善于倾听,能以幼儿理解的语言、语气、语调、语速等与幼儿说话,有感染力和亲和力;<br>2. 与成人交流沟通能力强。善于理解、语言文明,沟通顺畅。 | 1. 有一定的与幼儿交流沟通的能力。能倾听幼儿,言语表达基本适合幼儿;<br>2. 有一定的与成人交流沟通的能力。能够理解对方,沟通比较顺畅。 | 1. 与幼儿交流沟通的能力较差;<br>2. 与成人交流沟通的能力较差。 |

（续表）

| 序号 | 测试项目 | 权重 | 测评要素 | 表现程度与等第评定标准 | | |
|---|---|---|---|---|---|---|
| | | | | 优（10～9） | 中（8～6） | 差（5～0） |
| 5 | 思维品质 | 15% | 问题分析<br>问题解决 | 1. 问题抓得准，能够多角度地分析问题，思维逻辑性强；<br>2. 应变能力强，解决问题富有创意。 | 1. 基本能抓住问题要点，具有一定的分析问题的能力，思路比较清晰；<br>2. 有一定的应变能力，能提出解决问题的方法。 | 1. 不能正确理解问题，思维混乱，分析问题不得要领；<br>2. 应变能力差，缺少解决问题的方法。 |
| 6 | 了解幼儿 | 10% | 年龄特征<br>发展特点 | 1. 准确把握幼儿年龄特征；<br>2. 准确把握幼儿发展特点，非常了解幼儿的兴趣、需要、已有经验；<br>3. 关注幼儿的个体差异。 | 1. 基本了解幼儿的年龄特征；<br>2. 具有了解幼儿兴趣、需要、已有经验等的意识；<br>3. 有关注幼儿个体差异的意识。 | 1. 不了解幼儿年龄特征和发展特点；<br>2. 不了解幼儿兴趣、需要和已有知识经验等。 |
| 7 | 技能技巧 | 20% | 基本技能<br>保教实践能力 | 1. 有熟练的弹、唱、画、跳舞、做游戏、讲故事、手工制作等基本技能；<br>2. 有较强的运用上述基本技能开展保教活动的能力。 | 1. 有一定的弹、唱、画、跳舞、做游戏、讲故事、手工制作等基本技能；<br>2. 有一定的运用上述基本技能开展保教活动的能力。 | 1. 弹、唱、画、跳舞、做游戏、讲故事、手工制作等基本技能较差；<br>2. 难以运用上述基本技能开展保教活动。 |
| 8 | 评价与反思 | 10% | 评价<br>反思 | 1. 能从幼儿教育专业的角度对现场展示进行客观、准确、较全面的评价；<br>2. 能根据评价结果进行反思，并对自己的问题或不足提出适宜的改善方法。 | 1. 基本上能从幼儿教育专业的角度对现场展示进行评价；<br>2. 对自己的问题或不足有反思的意识，能提出一点改善意见。 | 1. 不能从幼儿教育专业的角度对现场展示进行评价；<br>2. 没有反思意识，看不到自己的问题或不足。 |

**课后练习**

1. 简述模拟授课的概念、特点及其类型。

2. 模拟授课的课堂主要结构是什么？它与微型课课堂结构有何区别？

3. 说出模拟授课的评价项目及其评价标准。

4. 全国教师资格考试面试流程是什么？面试中模拟授课的评价项目及其评价标准如何？

# 第六章
# 幼儿园模拟授课策略

1. 知道常见的幼儿园教育活动模拟授课的类型，掌握幼儿园模拟授课的基本要求。

2. 能在模拟授课中熟练运用学前教育教学理论及各种教学方法和弹唱、绘画、韵律、讲故事等专业技能技巧。

3. 在模拟授课时展示良好的教师素养、精神风貌、职业认知。

## 第一节　幼儿园模拟授课的课前准备策略

幼儿园教师走上讲台讲授教学内容之前，必须做好充分准备，学前教育师范生在面对教师资格证面试和招聘等考核中的模拟授课环节更是如此。充分而完整的备课是讲好一节课的必备前提。所谓备课，主要是指掌握教学内容，领会编者意图，分析幼儿特点，确定目的要求，选择教学方法，做好活动材料准备。显然，深入钻研教材是提高备课质量的核心。关于模拟授课中的备课，这里将从研读《纲要》与《指南》、搜集活动素材、梳理备课程序、模拟演练、细写授课讲稿等五个方面进行分析。

### 一、研读《纲要》与《指南》

在拿到模拟授课的要求后，首先要研读《纲要》与《指南》等教育政策文件，对接活动内容和要求，根据《纲要》与《指南》要求，在详写教案之前列出的一个大概框架，包括：讲授这部分教学内容所需要的几个部分，以及对整个教学过程的初步构思，并且将讲课过程中所需要的素材一一列出。对于准备写教案的学前教育师范生来说，做这一部分的工作不仅能使整个备课过程思路清晰，而且能避免在详细备课时落下细节内容。

## 二、搜集活动素材

在对教学过程有了一个大概构思以后，就要清楚地了解自己在详写教案之前所需要的相关知识，并尽可能多地搜集讲课过程中需要的素材。可以看一些经典的课堂教学案例和设计，学习优秀的教案，下载有关的课件。同时准备一些课外扩展知识，以便随时回答幼儿的提问。有的放矢地搜集素材，尽量寻找与所要讲的课程密切相关的资料。

## 三、梳理备课程序

对初次试讲的学前教育师范生来说，在课前不能只准备一个讲课的提纲，对于教学活动内容、教学活动对象、教学活动目标、教学活动方法、教学活动流程、教学活动延伸等部分也应该在教案中进行具体的分析。在上课前一定要做到心中有数，这样在执行中才能得心应手、应对自如、顺利告捷。

### 1. 教学活动内容

任何一部分教学活动内容都包含有重点、难点和幼儿较容易理解的部分，对于不同难度及层次的知识点，教师应有不同的详略安排，对于重难点应详细地重点讲述，而较容易理解的知识，可以相对简略讲述。学前教育师范生在这一个环节很容易出现的问题就是教学内容重点不突出，或是对重难点的把握不够准确。对于这个问题，一是要求学前教育师范生在备课之前对自己所要讲述的教学内容足够熟悉；二是可以向在职的、经验丰富的学科指导老师请教。这样在教学内容的把握上就不太容易出现偏差。还需要注意的是，不同层次的幼儿群体，接受能力也是不一样的，在安排教学内容时不能太多，也不能过于发散，一定要控制在幼儿可以接受并且能够初步掌握的范围之内。

### 2. 教学活动对象

幼儿是教学的对象，学前教育师范生在分析教学对象时，应充分考虑幼儿的年龄特征、对知识的接受能力，以及所处的幼儿园环境和社会环境等，以便于后面其他教学环节的设计。"备幼儿"的目的是根据幼儿的实际水平和具体需要，有的放矢地进行教学，高质量地完成各项教学任务，实现预定的教学目标。另外，对于学前教育师范生来说，在试讲时面对的不仅仅是幼儿，还有评委或同学，因此，在进行教学时也应当特别注意。

### 3. 教学活动目标

在详细分析教学活动内容和教学活动对象后，便到教学活动目标的编写了。对于不同的幼儿群体，即便是相同的教学内容，在编写教学目标时也要注意层次的区分。应结合教学内容分析中所确定的重难点以及详略，安排不同的教学目标，将所要知道、领会、应用、分析、综合、评价等应达到的不同教学目标和教学内容结合起来。对教学目标、教学内容、教学对象的分析是不可分开的，在备课时往往整体进行，这一点对于学前教育师范生非常重要。

### 4. 教学活动方法

选择教学活动方法应符合幼儿的认识规律、年龄特点及学科特点，既有利于教师发挥引导作用,也有利于调动幼儿学习的主动性和积极性。

（1）备方法

在我国的幼儿园教育教学中,常用的教学方法有讲授法、谈话法、探究法、模仿练习法、操作演示法、实验观察法、角色扮演法、讨论法等几种方法。在面对不同学科、不同性质的教学内容时,有时只需要一种教学方法便可以进行,而有时则需要几种教学方法相结合使用。学前教育师范生在刚开始模拟授课时,经常单一使用讲授法,这种方法相对其他几种方法较容易掌握,但对于缺乏经验的学前教育师范生而言,很难把握如何引导、启发幼儿思维,这就需要尽可能详细地设计教学过程,切勿将知识直接灌输给幼儿,而应让幼儿发挥主观能动性来积极主动学习知识。

（2）备情感

除了备方法外,备好教师的情感也是讲好课的重要条件。许多老师都有这样的体会——走进教室以前,如果自己是兴奋的、愉快的,而且信心百倍,那一定会讲得津津乐道,幼儿也会听得全神贯注,讲课的效果就好。反之,如果课前自己心情不畅,那么这节课的气氛一定会受到影响。所以,有经验的教师为了使自己上课能感情充沛、气氛活跃,上课前总要收收心(闭眼深呼吸,抛弃杂念)、养养神(回忆一下讲课的内容),这样讲起课来就能轻松愉快、娓娓动听。

（3）备语言

讲课是一种艺术,学前教育师范生必须充分重视语言技巧,一位知识极为渊博的教师如果不能形象、准确地表达出内容,那也是一种遗憾。有人说:"老师的语言是蜜,它可以粘住幼儿的思维。"据调查统计:学生最喜欢语言风趣、有幽默感的老师上课,生动的语言可以调节课堂气氛。

（4）备教态

讲课时的姿态、动作是语言表达时的重要辅助形式。教态生动活泼、大方自然,能使幼儿的注意力高度集中,有利于幼儿掌握所学的知识。如果讲课时生硬死板,幼儿就会感到枯燥乏味、无精打采。因此,试讲前,应该认真选择自己的讲课姿态,改进教法,选择语言,备好教态。对于一些疑点、自己不放心的环节,可以利用散步等时间,边走边讲,当然不一定要有人听,也不一定讲出声,当成自己练习即可。

5. 教学活动流程

教学活动流程是整个教学活动设计的重点部分,其中包含所要讲述教学活动内容的具体解析、课堂提问与回答、教学活动内容间的环节过渡、讲述各部分内容所要用的时间安排、各个阶段教师和幼儿所要做的事情等。对于参加面试的学前教育师范生来说,每一部分的设计都应该尽可能详细。在能力允许时,还可以设计教学活动过程中可能会出现的问题,如幼儿提问、课外知识的扩充等。

6. 教学活动延伸

在设计教学活动延伸时一定要注意与教学内容的重难点以及教学目标的设计相结合,设计的活动延伸要体现学科特色。活动延伸应从基本的、简单的开始,但不能模式化、固定化。相反,应有一定数量灵活的、综合的、需要创造性思维的活动延伸,只有这样才有助于训练幼儿思维的全面、深刻、敏捷和灵活。

### 四、模拟演练

在语言、社会等领域中,模拟演练的准备可能相对少一些,但在一些科学、健康、艺术等领域的教学过程中,可能会向幼儿播放一些音频以及视频素材,那么教师就应该在上课之前试播,以检查素材是否能顺利播放。除了极少部分经验非常丰富的幼儿园教师,其余大部分幼儿园教师,特别是试讲时的学前教育师范生,都应该在条件允许时提前试做教学活动过程中涉及的实验。教师不仅能及时发现实验时可能会出现的问题,采取一定的措施予以预防,还可以避免模拟教学中实验失误所带来的时间浪费或者安全隐患,而且对于学前教育师范生来说,还可以增加模拟教学时的信心。

### 五、细写授课讲稿

讲稿不是教案的简单重复,而是在教案的基础上进一步详细地写出具体模拟教学中的每一个环节。这包括教师在模拟教学中所要说的每一句话,所要做的每一个动作,所要写的每一次板书,所要提的每一个问题。当然,计划永远赶不上变化,模拟授课过程中所遇到的问题并不一定在写讲稿时都能涉及,但提前写好讲稿,对于缺少教学经验的学前教育师范生来说,无疑是吃了一颗定心丸。因为很少有机会讲课,课堂驾驭能力不够强,提前写讲稿有助于整理思绪,即使由于各种原因造成模拟授课环节脱离原来的教学设计,也可以参考讲稿及时回到原来的教学设计中。写过一次讲稿就会留下比较深刻的印象,也就是说即便模拟授课时发散得太广,也会及时发现,做出调整。

备课是一个厚积薄发的过程,没有起点和终点,需要不断深化和完善,不仅要倾注时间,还要凝聚智慧。学前教育师范生要从"为它所控"转变到"为它所动",最终"为我所用"。在这个过程中,学前教育师范生要不断反思,既要学习他人,还要坚持自己的主张,做到不卑不亢。

然而在众多的幼儿教师资格证面试和幼儿园教师公开招聘面试中,更多采用模拟课堂教学,学前教育师范生必须在30～60分钟内即兴备课。在有限的时间内快速备好一节课,能够考查学前教育师范生对某领域课程和教学的驾驭能力。那么,如何才能在短时间内快速备好一节课?我们提出以下几点建议:

第一,根据抽到的课题内容确定好本节课的重点、难点,再以重难点为中心,围绕它们进行知识线索的建构,设置幼儿互动的问题,精选学习活动安排。这种备课方式粗放而又细腻,简洁而又有序,能使学前教育师范生在短时间内快速把握模拟授课内容,理清模拟教学思路,提高上课思维的"层次性"和"宏观化",促进教学目标的有效达成。

第二,可进行"脉络备课",构建课堂大框架。所谓"脉络备课",就是以这节课的教学目标为核心,围绕主要的学习环节进行学习活动板块设计,并有明确的设计意图。这种备课方式可以帮助学前教育师范生有序地理清教学脉络,明确授课方向,从而促进教学目标的快速达成。

第三,备课中每个环节的设计要安排清楚,相互要联系紧密,一环扣一环,并且要有整体性。备课中要思考幼儿可能有疑问的地方,试讲时要讲清楚"我觉得此处幼儿会有怎样的问题,因此我在这里这样处理"。

第四,备课要精心设计引入课题的技巧。所谓"良好的开始是成功的一半",聪明的教师往往在"导入"上匠心独运,多数老师通过"激趣""过渡""启发思考""激发认知冲突"等手段来导入。学前教育师范生应了解幼教改革最新前沿动态,用一个吸引眼球的方式进行导入。

第五,在备课时不要追求面面俱到。一方面,备课时间和讲课时间都是有限的,面面俱到可能耗费很多时间而没有突出自己的特点和优势;另一方面,课堂是动态的,是变化的,如果备得太细,可能会束缚手脚,局限思维,对于突发问题不能随机应变。因此,学前教育师范生应该积极运用、调动自己的教育机智和教学智慧进行课堂即时备课,现备现用,使模拟授课教学成为充分展现自己激情与智慧的舞台。

第六,面试前多练习,尤其是教学经验欠缺的学前教育师范生,务必在面试之前多演练。在较短的时间里备好课,再自己试着讲一遍(比赛通知告知多长时间就按多长时间练习),可以找同学担任评委,然后根据讲课的效果再修改教案。多次模拟演练之后,必能总结出最适合自己的备课、讲课技巧,面试时也就会胸有成竹,不会太紧张。

总之,整个讲课过程所应注意的有:导入技巧、重难点及详略的把握、各知识点间的过渡及技能展示、总结延伸,教师的语言、语速、语气及语调等。模拟教学主要考查的是学前教育师范生的基本教学素质,比较看重的是教学基本功。记住,要尽量展示你的教学素养和驾驭课堂的能力,不管现场教案是好是坏,你都要在模拟教学中充分表现出自信与激情。

知识链接

## 应彩云:拥有平凡的职业幸福感

曾经和一群高校的教师讨论关于"幼儿教师职业幸福感"的话题。大家纷纷表示忧心:在待遇低和工作量大的环境中,幼儿教师的职业幸福感仅仅是一句美丽的"口头禅"吗?也曾经和几位名师一起探讨这一话题,大家也不禁担心:是否名师的职业成就带来的职业幸福感虽是美好的愿景,却缺乏普适意义?

其实,幼儿教师的幸福感无时不在。一次,在与数相关的中班活动"搬砖头"中,孩子们分成了红蓝两队,在规定的时间内看哪队搬运的砖头更多。当示意停止的铃声响起时,红队有 8 块砖,蓝队有 7 块砖。面对肉眼可见的结果,蓝队的孩子居然在手口一致的点数中,两次将自己搬运的砖块数成 9 块。执教老师和听课老师都有点着急:"啊?再来一遍,数数清楚。"中班的孩子不能正确点数 10 以内的数,那怎么行啊?我却笑笑,发现了蹊跷。当红队数自己搬运的砖块时,我示意大家观察蓝队。果然,所有的蓝队队员对着红队的砖块,大声且准确无误地数出了"1、2、3……8"。大家恍然大悟,大笑起来。当然,最终基于事实的比赛结果是公正的,只是,中班孩子求胜心之下的"掩耳盗铃",让我们欢乐了好久。

新小班的小彤一到饭点就哭丧着脸。常常在她未哭之前,我们便说:"不哭,喂你。"两周后的一个中午,当我走进教室,金老师兴奋地对我说:"看!小彤会自己握勺吃饭了。"我又惊又喜:"真的吗,小彤?"看着她一口一口地吃着,我俩对刚进门的保健老师和保教主任说:"看呀!小彤会自己吃饭了。"大家由衷地夸赞着、笑着。当然,小彤终有一天会自己吃饭,只是,看到孩子真实的进步,总有一种"苦尽甘来"的轻松感,能让我们快乐好久。瞧!这样的欢乐和喜悦,我们一定都有。

其实,幼儿教师的快乐很生动,有时来源于识破孩子小心机之后的理解与包容,这体现了我们的专业素养。久而久之,我们便以一颗童心与孩子站在了同一立场。其实,幼儿教师的快乐很直接,往往来源于"母瘦雏渐肥"的心甘情愿,这体现了我们的职业道德。久而久之,我们便将孩子的发展放在了首位。

这样简单而质朴的幸福,实际上与"待遇"和"功成名就"并没多大关系,每个幼儿教师都能感受到。只是,我们可以预见:毫无功利之心地陪伴孩子发展的你,已然一步一步地走向成功。所以,幼儿教师并不缺少幸福,只是缺乏感受幸福的心境。在付出与得到之间游走的人们,往往会因为太用力而使掌中物如流沙般失去,从而陷于"求而不得"的疲倦和懈怠之中。但是,既然是"不可得"的事物,那为什么不先试试"可得"的幸福呢?

一位仅有 5 年工作经历的青年教师,在教学比赛之后对我说:"在极其紧张的困境中,我很难'自救'。'救'我于'危难'之中的,总是孩子!"不容置疑,我们面前的幼小孩子,拥有令我们充满幸福感的力量。去年,我在外省与一群大班孩子开展阅读活动。活动刚开始时,我顺势激发:"大二班的孩子心中都是有爱的⋯⋯"一个矮小的男孩打断我:"不,那个——他没爱,有暴力。"说完朝另一边扬了扬下巴。我毫不犹豫地回应:"说不定他表达爱的时候会很有力量。"活动过程中,"那个他"指着图画上的留白说:"天空最大。"我顺势激励:"没错!用天空表示心中的爱,你是班上爱最多的人。"活动结束时,"那个他"对我大声说:"应老师,你有多爱我,我就有多爱你!"我感动地拥抱了他,一个壮实的男孩。接着,令我更惊讶的事情发生了。园长和孩子的妈妈激动地走向我,妈妈哽咽着:"谢谢您!谢谢您!"园长说:"您让我们看到了他温柔的样子!"我瞬间明白:好险,好幸运。之后很长一段日子里,我都被一句貌似玩笑的"应老师,他把所有的温柔都给了您"所萦绕,我好幸福!这种幸福感的力量,足以令我有勇气面对未来的困难。

所以,找回职业的初心,在以儿童发展优先的辛勤耕耘中,感受简单而平凡的幸福;在立于儿童视角的童心共情中,体验真情实感的幸福。这样美好的愿景一定会实现。

# 第二节 幼儿园模拟授课的情境创设策略

## 一、教学情境的含义

情境,《现代汉语词典》中解释为"情景、境地",含有情形、景象和环境的意思。幼儿园教学情境是指在教学中利用具体的场所、景象、境况等,来引起幼儿的情感体验。《幼儿园教育指导纲要(试行)》中指出:"环境是重要的教育资源,应通过环境的创设和利用,有效地促进幼儿的发展。"教学中创设教学情境有利于培养和激发幼儿的兴趣和动机、引起幼儿知识的合理建构,有利于幼儿建立"表象"。

教学情境是在新的教学内容或教学活动开始前,引导幼儿进入学习状态或产生学习问题的教学行为场景。教学情境就其广义来说,是指作用于学习主体,产生一定的情感反应的客观环境。从狭义来认识,则指在课堂教学环境中,作用于幼儿而引起积极学习的情感反应的教学过程。可以综合利用多种教学手段,通过外显的教学活动形式,营造一种学习氛围,使幼儿形成良好的求知心理,参与对所学知识的探索、发现和认识过程。教学情境可以贯穿于整个教学活动,也可以是活动的开始、活动的过程或活动的结束。教学情境是教学的突破口,幼儿在不自觉中达到认知活动与情感活动有机的"渗透"与"融合",情感和兴趣始终处于最佳状态,全身心地投入学习活动,从而保证教学活动的有效性和预见性。

## 二、教学情境的功能

### 1. 引起注意

注意是幼儿对某些事物心理上的一种明显的集中或指向,是幼儿对某些事物产生兴趣的基础。即便幼儿对教师所要讲的教学内容本身很感兴趣,但如果在课堂教学一开始教师没有进行必要的引发幼儿注意的导入,教学也不会取得理想的效果。比如,幼儿普遍对讲故事感兴趣,当幼儿正对其他事物感兴趣的时候,教师就开始讲故事,幼儿可能会慢慢地一一被吸引过来,会造成某些幼儿没能听到故事的开始的情况。倘若教师说一句"孩子们,我想给大家讲个故事,你们想听吗?"情况可能就会变得不一样。

### 2. 激发兴趣

兴趣是人们探究某种事物或从事某种活动所表现出来的特殊的、积极的个性指向。教学情境有利于培养幼儿的学习兴趣。在教学情境缺失的教学活动中,幼儿往往缺乏对知识应有的兴趣,因为知识在这样的教学中是以确定结论的"面目"出现的,不需要幼儿积极的智力活动,即使存在一些智力活动,也是按照规定路径进行的推理。没有问题的教学不能引起幼儿强烈的探索和求知欲望,反而会消减他们的学习兴趣。可以说,创设教学情境是激发幼儿内在学习兴趣不可缺少的。

### 3. 促进迁移

迁移是一种学习对于另一种学习的影响。迁移的作用是建立新知识与幼儿已有知识的联系。创设教学情境能够帮助幼儿顺利实现知识的迁移和应用。通过具体情境中的学习，幼儿可以清晰地感知所学知识能够解决什么类型的问题，又能从整体上把握问题依存的情境，这样，幼儿就能够牢固地掌握知识应用的条件及其变式，从而灵活地迁移和应用学到的知识。

### 4. 完成新旧知识衔接

完成新旧知识衔接反映在导入环节上常常是旧知再现、旧知重组、新知诱发。创设情境有利于幼儿循着知识产生的脉络去准确把握学习内容。在去情境化的教学中，幼儿直接接触现成的结论，知识犹如"横空出世"一般突然呈现在幼儿面前。由于不知道知识是为了解决什么问题，以及是如何得来的，幼儿深刻理解学习内容就会面临障碍。思维起始于问题而不是确定的结论。杜威在他的"五步思维法"中指出，思维活动可分为五个阶段：第一步，问题；第二步，观察；第三步，假定；第四步，推理；第五步，检验。教学情境的核心是与知识相对应的问题，因此，创设教学情境能够模拟地回溯知识产生的过程，从而帮助幼儿深刻理解教学内容，发展思维能力。

## 三、教学情境创设的路径

### 1. 谈话创设法

教师通过和幼儿交谈，在不知不觉中渗透主题内容，进而又自然而然地引出活动。如儿歌《下雨了》的导入语："小朋友，你们喜欢下雨吗？当你和小伙伴们在外面玩得非常开心的时候，突然下起了雨，这时候，你们会怎么做呢？你们知道小动物是怎么做的吗？今天，我们就来一起学习儿歌《下雨了》。"

### 2. 谜语创设法

猜谜语能够通过描述事物的主要特征，帮助幼儿理解活动内容，启发幼儿的学习兴趣。如科学活动《认识青蛙》的导入语："今天，老师要请小朋友猜一样东西，'大眼睛，宽嘴巴，白肚皮，绿衣裳，地上跳，水里划，唱起歌来呱呱叫，专吃害虫保庄稼。'请你们动脑筋想一想，这是什么动物？对了，今天我们就和小朋友们一起来认识青蛙！"

### 3. 情境表演创设法

通过情境、舞蹈、手偶等表演形式引出活动，这种情境表演很好地激发幼儿的学习兴趣，让他们能更好地融入故事的情境中。如礼仪活动《小手真干净》的教学情境创设："今天，老师听到毛巾架上有哭泣的声音，我走过去一看（举起脏毛巾），这条毛巾宝宝对我说：'看，我身上好脏啊！谁的小手没洗干净？'小朋友们，你们会洗手吗？"

### 4. 故事创设法

以故事的形式创设情境活动，能吸引幼儿的注意力，调动幼儿的学习积极性。如音乐活动《粗心的小画家》的情境创设为："今天，老师给小朋友讲一个故事，有一个小朋友叫'丁丁'，他很喜欢画画，他画只鸭子尖嘴巴，画只兔子圆耳朵，画匹大马没尾巴，你们说他是一个什么样的画家呢？对，今后我们无论做什么事情都要细心，仔细观察，千万不能虎头蛇尾、粗心大意。今天,我们来一起学习歌曲《粗心的小画家》。"

### 5. 悬念创设法

采用悬念的形式导出学习活动,可引起幼儿的好奇心,激发幼儿追根问底的热情,培养幼儿主动探索的精神。如故事活动《每一次》的情境创设为:"小朋友,你们喜欢自己的妈妈吗? 你们和妈妈最喜欢玩什么游戏呢? (出示熊宝宝头饰)有一只可爱的熊宝宝,它最喜欢和妈妈玩捉迷藏,它们是怎么玩的呢? 我们一起来看看吧。"

### 6. 演示创设法

借助实物、玩具、图片、贴绒等道具演示的形式导入活动,直观形象,幼儿既感兴趣,又容易理解。如音乐欣赏活动《糖果舞会》,导入时可以说:"今天,老师带来一个礼物袋,小朋友们猜一猜里面有什么东西? (出示糖果袋)你摸到了什么? 这颗糖果宝宝摸上去什么感觉?"老师接着说:"新年快到了,硬糖先生和软糖小姐举办了一个新年舞会……"

### 7. 实验创设法

通过直观形象的实验操作形式引入活动内容,变抽象为具体,变深奥为浅显,变隐性为显性。这样做既培养了幼儿的观察力,又对幼儿理解、掌握活动内容起到事半功倍的效果。如科学活动《认识水》的导入,教师提起水壶,往玻璃杯里倒水,然后提问:"你们看老师把什么倒在杯里? 水有颜色吗? (有的幼儿会说水是白色的,有的幼儿会说没有颜色)到底谁说得对呢? 我们来做个小实验,小朋友们仔细观察一下就知道了。"

### 8. 游戏创设法

游戏是幼儿最喜爱的活动,以游戏的形式导入教学活动,能调动幼儿的积极性,活跃课堂教学的气氛。如故事活动《为什么不能》的导入方式:教师将各种动物的头饰藏在教室的各个区域,再让幼儿到每个角落自行寻找,找到哪一个动物的头饰,就模仿这种动物的动作,并说一说它有什么本领。如幼儿找到小兔的头饰,就戴上并模仿小兔的动作,说:"我是小兔,蹦蹦跳跳。"

### 9. 回忆创设法

让幼儿回忆曾经经历过的事情来引出活动。如故事表演活动《虎大王照相》的导入语为:"上节课我们已经学过《虎大王照相》的故事,今天,老师和小朋友一起来表演这个故事,你们愿意吗?"

### 10. 观察创设法

让幼儿带着任务去观察,幼儿会留心注意事物。如科学活动《认识小蝌蚪》,导入时可以这样说:"小朋友,老师在桌上准备了许多盆,盆里装了许多小蝌蚪,他们长什么样子呢? 老师要请小朋友去看一看,看的时候要认真、仔细,还要牢牢记住它们的长相特征。"通过观察的形式引入活动,能使幼儿对所学知识理解快、掌握牢。

## 四、教学情境创设需注意的几个问题

### 1. 明确目的

情境创设一定要围绕教学目标,从幼儿实际出发,选择与幼儿日常生活、社会经验、认知环境相关度较高的材料。所以,教学中既要紧紧围绕教学目标创设情境,又要充分发挥情境的作用,及时引导幼儿从情境中运用语言提炼出学习问题,不能流于形式。

### 2. 短小精干

情境创设要做到简洁明了、直截了当,切不可烦琐与花哨。创设情境的目的是高质量地开始教学活动,它应该聚焦于学习问题、学习任务以及启迪幼儿思维等,应简洁明了、开门见山,不要拖泥带水、啰里啰唆。

### 3. 别致新颖

创设的情境要有新意,有利于激发学习兴趣,容易让幼儿产生新的问题或新的任务。教材中的事例和内容、事件的背景等一般都平铺直叙,缺乏生活气息,较为平淡,如果对其大胆创新,创设情境,赋予幼儿密切相关的生活情景和鲜活事例,不仅可以激发他们的参与热情,活跃思维,而且能更好地帮助幼儿理解、掌握知识。

### 4. "因课制宜"

要根据不同的教学内容和教学对象采用不同的创设方法。教学情境设计方法、方式多样,因人因课而异。创设教学情境,就是将教学内容置于生活化的场景中,幼儿才能切实弄明白知识的价值。同时要依据幼儿的生活经验,去选择合适的教学情境。

### 知识链接

## 如何用图画书实现数学教育的情景化、游戏化?

数学知识具有很强的抽象性、概括性和逻辑性。而图画书恰好能把抽象、概括的数学知识以具体、形象的形式呈现出来,使幼儿易于接受、理解,更好地帮助幼儿连接新旧经验,建立初步的数学思维。此外,图画书丰富的生活化元素,让数学巧妙地融入幼儿真实的生活情境之中,让幼儿感受到数学在生活中的有趣和有用。

首先,图画书能为幼儿解决问题提供一个叙事性情境。比如,图画书《大侦探猫头鹰》在故事的开头就塑造了一个非常生活化的情境:"美美小镇有一条热闹的街道,这里有兔奶奶的帽子店,有长颈鹿小姐的围巾店、熊太太的衣服店……还有聪明的猫头鹰先生。但是,突然有一天早上,店铺里的一些商品不见了,到底丢失了哪些商品?怎么才能找到呢?"

通过细心观察可以发现,美美小镇的店铺里,商品的排列都是有规律的,即ABABAB 或 AABBAABBAABB模式,可帮助幼儿在体验做侦探的情境中,运用数学思维解决生活中的问题。

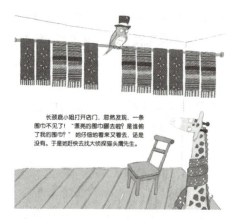

其次,图画书不仅能够增强幼儿数学学习能力,还有助于增强幼儿对数学学习的兴趣和信心。比如,经典图画书《好饿的毛毛虫》中写道:"星期一,它吃了一个苹果;星期二,它吃了两个梨;星期三,它吃了三个李子……可是它还是好饿好饿……"图画书自然而然地就把数字和数量的含义渗透于毛毛虫的觅食之旅,幼儿在趣味化的阅读中也能自然地习得数概念。

此外,在图画书《啪嗒啪嗒变变变》中,图形之间的巧妙组合,既体现了图形之间的关系,以及图形可以用来表征周围世界的特点,也能让幼儿在操作过程中引发丰富的想象力和创造力。

# 第三节　模拟授课的组织策略

在拿到模拟授课的试题要求并在准备室准备好了以后,考生就需要进入考核现场进行现场的模拟展示。当前,全国幼儿园教师资格证面试和幼儿园招聘考试中都会考到模拟授课,且两者的考核要求和形式比较相似,下面以教师资格证面试中的模拟授课为例,介绍模拟授课中各个环节的组织策略。

## 一、开始部分

开始部分,也就是我们常说的幼儿园活动中的"导入环节"。导入环节的主要作用是引起幼儿的注意,激发幼儿对本次主题的兴趣,故在真实的幼儿园活动中,导入环节的时间不可太长,一般5分钟左右,导入环节时间过长会有"喧宾夺主"的负面作用,且占比时间太长会消耗幼儿的兴趣和注意力,不利于后面主要环节的实施,在10分钟的模拟授课中,导入环节的时间就更短了,有时候可能一句话就够了。导入环节的策略选择上,应该具有启发性、针对性、趣味性、艺术性和简洁性。在模拟授课中,好的导入环节应该做到既和活动主题关联性强,且小巧有趣,能够让考官评委一下子明白你的思路并愿意跟着你的表述听下去。

目前,常见的导入策略有直观导入策略,如演示导入、材料导入、故事导入等策略;问题导入策略,如悬念导入、直接问题导入等策略;知识联系导入策略,如递进导入、直接导入、衔接导入等策略。案例如下:

在科学活动《有趣的静电现象》导入环节中,教师以"变魔术"的方式展示了静电现象,纸片跟着教师手中的魔法棒跑来跑去,引起幼儿对这个物理现象的兴趣。这里运用了直观导入策略中的演示导入。

在语言活动《狐假虎威》中,教师在导入环节中,直接展示了故事中狐狸大摇大摆地走在老虎面前的画面,并问问幼儿:"为什么狐狸不怕大老虎,敢大摇大摆地走在前面?到底发生什么了?"但是并不回答问题,而是请幼儿在听故事的过程中自己寻找答案。这里运用了问题导入策略中的悬念导入策略。

学前教育专业的师范生们在选择导入策略时,应该仔细分析活动要求和年龄段,思考合适的方式,不可以生搬硬套,忌用一个"万金油"的导入策略套任何活动。如当前幼儿园教师资格证面试中,出现了考生用"猜谜语"的方式套用任何主题的活动的现象:无论是什么领域什么主题的活动,有考生会用主题中的关键词设计一个简单的谜语作为导入。如在体育活动《好玩的绳子》试题中,要求考生用现场提供的绳子设计两个体育游戏并模拟组织其中一个体育游戏的组织过程,有的考生在导入环节就先请"幼儿"猜谜:远看像条蛇,近看不是蛇。打一生活用品。"幼儿猜对"后再展示绳子游戏并组织玩法。作为体育活动,用语言小游戏(猜谜活动)导入是不合适的,体育活动中最适合的导入方式其实是热身导入。且谜语活动和后面的体育游戏活动没有关联和互动,实在是生硬。好的开头是成功的一半,我们要重视导入环节的设计。

## 二、基本部分

基本部分是整个教学中用时最多、环节最复杂的部分,也是解决活动重难点,实现活动目标的板块。在这个板块的设计和组织中,考生可以考虑以下几个问题:(1)我打算将基本部分大致分为几个环节?(2)每个环节我必须完成哪些内容?我应该采用什么方式?(3)基本部分中哪一个环节是重点?哪一个环节是难点?我应该如何突出重点?如何突破难点?(4)每个环节的时间大体如何分配?(5)每个环节我应该如何清晰地进行陈述?(6)我可以用什么方式来呈现环节之间的过渡?

不同领域的活动的基本部分呈现方式各有自身的特色,但其中教师语言运用非常关键,语言是幼儿教师组织活动最重要的方式,也是师幼互动,实现活动目标最常用的手段,教师语言表达的优劣、口头语言表达能力的强弱,都将直接影响幼儿语言和思维的发展。所以在语言运用策略上有一些共通的事项需要考生注意,下面展开描述。

### 1. 提问策略

活动中教师的语言最主要就是用来进行提问。提问应紧扣教学目标。常见的提问类型如下:

(1)启发式提问策略

启发式提问适合用在以下两种情境中:

一是当教师发现幼儿对某些现象或材料感兴趣,而这种兴趣对于生成新的主题极有价值时,可通过启发性提问将幼儿引入探究的主题。例如:

在中班科学活动《可爱的小蜗牛》中,幼儿在观察小蜗牛时对蜗牛的触角很感兴趣,有些幼儿认为"触角就是蜗牛的眼睛",有些则不同意。这个争论点是幼儿自发生成的且具有教育价值的,所以教师可以进行提问:"蜗牛的触角是不是它的眼睛?触角的作用是什么?"请幼儿进行思考和探究。

二是当幼儿在活动中面临困难时,可通过启发性提问引导幼儿思考、讨论和探究。例如:

在折纸活动《折小船》中,幼儿其中某一步进行不下去,不能看懂示意图。这时候教师可以通过提问的方式启发幼儿:"这里的虚线(指示意图中的对折的虚线)折完以后这两边是不是应该重合在一起呢?"

(2)发散式提问策略

发散式提问适合用在以下两种情境中:

一是在幼儿努力完成作品时,教师通过提问,引导幼儿对自己的"创作"进行表述。例如:

在美术活动《我的梦》中,当幼儿完成主题《我的梦》绘画作品后,教师可以进行提问:"哪位小朋友愿意来介绍一下自己的作品呢?"这样要比幼儿画完了教师直接自己解读评价效果好。

二是在幼儿的思维或想象单一狭窄时,通过提问,引导幼儿转变思维方向,在新旧知识联系基础上构建概念。例如:

在数学活动《6的分合》中,当幼儿想不出"6可以分成几和几"时,教师可以先和幼儿一起回顾5的分成:"5可以分成几和几?"等幼儿复习完旧知识后再来学习新知识。

(3)层叠式提问策略

层叠式提问策略是指教师将探究问题前后关系连成一条推进线索的层叠式问题,在层层深入的问题中,不断推进幼儿的思考和探索。例如:

在综合活动《我长大了》中,教师不断地提出新的问题,如:"看看这些衣服鞋子哪些你能够穿得合适?""婴儿的衣服鞋子你们都穿不合适,为什么?""长大了你们学会了哪些本领?""自己能做的事自己做了吗?""是谁辛苦把你们养育大的? 我们要怎样对待他们?"通过层叠式提问,让幼儿不断思考与探索,获得知识。

(4)假设性提问策略

假设性提问是教师提出问题,让幼儿进行假设、判断和思考。例如:

在科学活动《颜色变变变》中,教师让幼儿思考不同颜色混合后会得出什么新的颜色,可以作出假设性提问:"蓝色和红色混合后会变出新的颜色吗? 请你来猜一猜,然后动手试一试,看看你的猜测对不对。"

(5)推理性提问策略

当引导幼儿完成一项简单的操作和探究任务后,教师要求幼儿用类似的方法概括出规律性的知识,从而获得答案。例如:

在科学活动《有趣的静电现象》中,当幼儿尝试了用塑料尺将羽毛吸起来的不同方法后,可以进行推理性提问:"谁来说一说可以将羽毛吸起来的方法是什么?"

(6)递进式提问策略

递进式提问是教师根据幼儿的思考和回答,巧妙地将一连串问题前后联系起来,层层抛出,逐步深入,从而形成一个不断推进的问题链供幼儿思考和探究。例如:

在语言活动《小老鼠和大老虎》中,教师基于绘本的故事情节提出一系列的问题帮助幼儿理清故事的情节推进:"一开始小老鼠和大老虎都玩了哪些游戏? 这些游戏里面小老鼠和大老虎分别扮演了什么角色? 你怎么看待他们的角色分配?""后来为什么小老鼠生气不和大老虎玩啦?""小老鼠生气后大老虎是怎么做的?""大老虎向小老鼠道歉后他们又玩了哪些游戏? 这些游戏里面小老鼠和大老虎分别扮演了什么角色? 你怎么看待他们的角色分配?"

(7)总结式提问策略

总结式提问是教师引导幼儿对某些问题和现象进行了观察和了解后,为帮助幼儿进行概括、得出结论而采用的。例如:

在综合活动《奇妙博物馆》活动结束后,教师可以和幼儿一起总结今天所学的内容:"今天我们了解了不同的博物馆,博物馆是干什么用的? 里面会陈列什么东西? 参观博物馆时要注意什么? 你印象最深刻的博物馆是什么博物馆?"

### 2. 回应策略

回应策略是教师在活动中常用的语言策略,有提问便要有回应,教师好的回应可以帮助幼儿提升其回答的答案质量。回应策略具体包括重复、反问和提炼三种。下面具体展开描述:

(1)重复策略

一是通过重复幼儿的话语,婉转表达对幼儿的提醒和暗示,启发幼儿对自己的话语作出调整。例如:

在语言活动《我爸爸》中,教师想要请幼儿学会用"像……一样……"来表达,当幼儿回答"我爸爸像大山一样"时,教师可以通过重复幼儿回答的方法暗示幼儿将话说完整:"我爸爸像大山一样……(强壮/高大等)。"

二是通过重复个别幼儿的问题或回答,向全体幼儿反馈有价值的信息,帮助幼儿获得他人的经验。例如:

在健康活动《我的眼睛亮晶晶》中,教师提问:"如何保护自己的眼睛?"有幼儿回答:"不在暗暗的地方看书。"教师可以重复该幼儿的回答,让其他幼儿听到这个答案,丰富全体幼儿的生活经验:"嗯!××说不在灯光暗的地方看书对眼睛好。他说得很对!"

(2)反问策略

反问是将幼儿在一定情境中的问题抛回给幼儿,教师通过反问引发幼儿思考、讨论和交流。例如:

在区域活动中,教师发现"医院"里面"医生"对所有的"病人"的处理办法都是"打针"然后"开感冒药"。这时候教师可以进行提问:"所有的病都是通过'打针'和'吃感冒药'来治的吗?"引导幼儿联系生活实际经验进行思考和讨论。

(3)提炼策略

提炼策略是教师在认真听取幼儿观点后,对信息进行归纳提炼后呈现给幼儿,使幼儿将零星的经验系统化、条理化。例如:

在社会活动《走丢了怎么办》中,各幼儿分享自己的看法后,教师可以将大家的想法进行梳理总结并分享给全体幼儿:"今天我们讨论了走丢了怎么办,老师发现大家的很多想法都很实用,我们小朋友提出了走丢了以后可以等几种方法。"

### 3. 评价策略

除了提问和回应,教师还需要通过语言对幼儿的行为进行评价,评价的策略有肯定、表扬、奖励、批评、纠正、讨论、总结。此外,教师还要善于引导幼儿自评、互评,提高幼儿分析、判断问题的能力和自我检查、自我调整、自我约束的能力。

## 三、结束部分

结束部分是一个教学活动不可缺少的组成部分。好的结束部分会让幼儿对活动意犹未尽,既能帮助幼儿巩固、整合在活动中认知、能力、情感态度等方面的收获,又能引发幼儿对后续活动的期待,持续激发幼儿的学习兴趣。

活动结束时常用的方式有六种:以小结的方式结束、以讲评的方式结束、以游戏的方式结束、以预告后续活动的方式结束、以表演的方式结束、以复习的方式结束。

## 知识链接

### 幼儿园活动组织中的师幼互动

师幼互动是指教师和幼儿之间发生的人际互动,具体指发生在幼儿园内部的、贯穿于幼儿一日生活中的幼儿园教师与幼儿之间的相互作用、相互影响的行为和过程。

在幼儿园教学活动中,师幼互动质量是影响儿童学习品质的重要核心要素之一。首先,师幼互动对学前儿童的学习品质有长期的影响,且积极的师幼互动可以促进儿童参与活动的主动性。研究表明,儿童与教师间的积极互动,使儿童更有可能积极参与学习活动和完成更高级的学习任务,而那些与教师较少互动的儿童,对学习活动的参与度低。

其次,教师与儿童的积极互动,尤其是教师对儿童的情感支持可以提高儿童的学习品质,并缓解其他危险因素对儿童学习品质的消极影响。

最后,师幼互动质量能够较好地预测儿童的学业成绩,学习品质也能较好地预测儿童的学业成绩,学习品质在师幼互动质量与儿童学业成绩间能够起到很好的调节作用。

## 课后练习

1. 模拟授课课前要做好哪些准备工作。它们的要求是什么?
2. 幼儿园模拟授课中情景创设的一般有哪些方法?

## 第七章
# 幼儿园模拟授课案例

**学习目标**

1. 知道"五大领域"模拟授课稿的结构及基本要求。
2. 了解同一个领域不同年龄班模拟授课稿的差异。
3. 学会撰写模拟授课稿。

## 第一节　健康领域模拟授课案例

### 小班体育活动《小狗爬爬乐》

模拟授课视频

**活动目标：**

1. 手膝着地爬行时能根据信号的变化,变速或变换方向。
2. 学习在倒退爬行时避让周围的同伴。
3. 感受和好朋友分享食物的快乐。

**活动准备：**

物质准备:狗妈妈和小狗的头饰、气球伞、骨头模型、其他实物模型。
经验准备:幼儿已经具有手膝着地爬的经验。

**活动过程：**

（一）角色扮演,模仿操热身导入

教师:"小朋友们好,又到草莓老师的体育游戏时间啦！瞧,这是什么(教师出示小狗头饰),今天我做小狗妈妈,小朋友们做小狗宝宝,我们戴上头饰一起活动活动身体吧!"

教师:"请小狗们跟着狗妈妈一起做。今天天气真正好,小狗汪汪起得早。穿上漂亮花花衣,跟着妈妈做早操。点点头,汪汪叫,踢踢腿、蹦蹦跳。发现大大肉骨头,啊呜啊呜吃个饱。摇摇尾巴转个圈,我是聪明狗宝宝。"

### (二)爬行游戏,小狗向前爬

1. 找朋友问好,练习不同方向爬行

教师:"小狗狗们,我们的家在哪里呀?回到家里来!现在我们成功回家了,请小朋友看看找找,狗宝宝家附近有哪些好朋友?请小狗们爬向这些好朋友问好,然后再爬回自己家。"

教师:"开始游戏,爬的时候要注意哦,抬头看前方,不要撞到别的小狗哦!"

2. 小狗耳朵灵,听信号变换方向和变速爬

教师:"我们狗宝宝都和好朋友打完招呼回到家了,现在妈妈要带你们学本领,这个本领就是请狗宝宝听着鼓声爬,看哪个小狗耳朵最灵。请大家仔细听游戏规则哦!当你们听到'咚咚咚'的鼓声时,就往前爬;听到'嗒嗒嗒'的鼓声时,就倒退着爬!当鼓声发出'咚哒咚哒咚哒'的鼓声时,你们就转着圈爬。后退爬行时要回头看一看,不要碰到后面的小伙伴。"

教师:"你们都听懂了吗?谁来说一说,丁丁你来说说。"

教师:"哦,我们小狗的耳朵可真灵,都听懂了,那我们开始游戏吧!"

"咚咚咚"……"嗒嗒嗒"……

教师:"小朋友们要注意哦,后退爬行时要回头看一看,不要碰到后面的小伙伴。"

教师:"哇!我们小狗们耳朵可真灵,游戏升级啦!请小狗们竖起耳朵仔细听,老师要变换击鼓速度了,鼓声慢,你们就爬得慢,鼓声快,你们就爬得怎么样?哦,爬得快。好开始游戏,请小狗们听信号爬哦!"

教师:"好,现在小狗们累了吧!我们回到小屋(气球伞),休息一下,让肚子晒晒太阳。"

3. 小狗找食物,分享给别的小动物

教师:"狗宝宝们,肚肚饿不饿呀?我们去找东西吃吧!想吃啥,哦,骨头呀!很远很远的草丛里有很多骨头,请小狗们爬过去找骨头,骨头找到后爬回家哦!注意爬的时候眼睛看向前方!"

教师:"我们都有食物吃了,可是我们的动物朋友有食物吗?那怎么办?哦,我们要找更多的食物送给其他小动物呀!送的时候要说'这是我送给你的食物,请收下'。"

幼儿寻找"食物",送朋友。

### (三)总结提升,放松活动"小狗洗澡"

教师:"你们今天玩得开心吗?我们小狗们不仅耳朵灵,会听信号爬,还会自己找食物并把食物分享给好朋友!我们的小狗真棒!小狗宝宝玩累了,我们一起洗洗澡吧!

洗洗脸,搓搓背,冲冲腿。"

# 中班健康活动《蛀牙虫快走开》

模拟授课视频

## 活动目标:

1. 知道爱护牙齿,愿意配合防治龋齿。
2. 在游戏中,学习刷牙的正确方法。

## 活动准备:

物质准备:《蛀牙虫快走开》视频、龋齿牙齿模型。
经验准备:幼儿会刷牙。

## 活动过程:

### (一)观察自己的牙齿,引出有关龋齿的话题

1. 观察牙齿

教师:"小朋友们好! 欢迎来到草莓老师的健康活动时间! 今天我听了一个有趣的故事,故事中有一座牙齿房子,白白的牙齿排成两排,就像马路两边的房子一样。你们有牙齿房子吗? 可以相互看一看。"

2. 互动讨论

教师:"你的牙齿房子里的牙齿有什么颜色?"

教师:"哦,你们观察得可真仔细,牙齿房子里有白牙齿,还要黑黑的牙齿,这黑黑的牙齿叫什么? 它是怎么变黑的呀? 那我们一起看看《蛀牙虫快走开》。"

### (二)观看视频《蛀牙虫快走开》,了解龋齿形成的原因

1. 播放视频

2. 话题分享

教师:"视频看完了,谁能告诉我细菌妮妮和迪迪喜欢怎样的生活环境? 他们喜欢做什么? 这个牙齿房子里的门和窗户是什么?"

教师:"东东说细菌妮妮和迪迪喜欢美食、甜食,他们喜欢把吃不完的美食藏在仓库里。你观察得可真仔细。那牙齿房子里的门和窗户是什么? 是个黑黑的洞,那这个洞是用来做什么的?"

教师:"哦,你们都知道啊! 这个洞可以帮助细菌妮妮和迪迪藏食物。"

3. 问题讨论

教师:"小朋友们,你们知道牙齿是怎么变黑的吗? 请小朋友们讨论讨论,一会儿我们分享一下。"

教师:"好,哪位小朋友愿意说一说牙齿是怎么变黑的? 毛毛你来说一说你们组讨论的结果。"

教师:"毛毛说,牙齿上的食物残渣是小细菌们最爱的食物,细菌们把硬硬的牙齿变软了,牙齿的黑色部位就是细菌在里面挖洞的标志。这个黑黑的牙齿就是龋齿,小朋友们吃完食物、糖果如果不刷牙,牙齿就会变黑。"

### (三)了解保护牙齿的正确方法,学习正确刷牙

1. 分享保护牙齿调查表

教师:"牙齿生病了,吃起东西来又塞又疼,而且黑色的牙齿好难看,我们该怎么办呢? 请小朋友们拿出调查表,互相介绍上周我们调查的有关保护牙齿的好方法。"

教师:"哦,你们的办法可真有用,平时要少吃甜食,少喝饮料,吃完这些东西后要及时喝些白开水或者漱口。饭后最好能用牙刷刷牙,牙刷也要经常更换和及时清洗。要定期去牙科检查牙齿,涂药预防,如果有龋齿要及时治疗。"

2. 刷牙大练习

教师:"请小朋友们拿出自己的小牙刷,在牙刷上挤黄豆粒大小的牙膏,按上下方向刷牙面和牙缝,咬面牙齿要来回刷。请小朋友开始刷牙吧! 刷完后用清水漱口,牙刷甩干放回原处!"

模拟授课视频

# 大班健康活动《小火箭》

### 活动目标:

1. 初步掌握异侧跨步投掷的动作,发展手臂力量和身体协调能力。
2. 在游戏中观察、讨论、学习前后分腿肩上挥臂投掷的动作。
3. 体验努力投掷到更远目标后取得成功的快乐,产生想投得更远的愿望。

### 活动准备:

物质准备:奶瓶、沙包、纸球、绳子、套圈、气球。
经验准备:幼儿玩过扔沙包游戏。

### 活动过程:

### (一)游戏导入,引发兴趣

1. 踏步进入活动室

教师:"小朋友们好,欢迎来到草莓老师的体育游戏时间,请小朋友排成一路纵队,听口令进场,齐步走,一二一,一二一……跑步走,一二一,一二一。"

2. 玩一玩"火箭起飞"游戏

教师："今天老师要带小朋友们玩一个好玩的游戏,游戏名字叫'火箭起飞',老师是发射员,小朋友们是小火箭,当老师发出'准备发射'口令后,全体小朋友双手轮流挥臂,左抢几下,右抢几下,听到'发射'时,就立即跳起来,看谁跳得高。好,开始游戏,请听指令,'准备发射','发射',哇!豆豆跳得最高!再来一遍,我看看谁跳得最高,'准备发射','发射'……"

### (二)引导幼儿异侧跨步投掷

1. 小小火箭发射员经验分享

教师："刚才我们小朋友们挑战了火箭,接下来,老师邀请你们当发射员,果奶瓶是火箭,你们去玩玩,看谁能把火箭发射出去。发射的时候注意安全哦,找空地发射,不能砸着小朋友。"

教师："你们是怎么让火箭飞出去的?昊昊你来示范一下。"

教师："你左脚向前跨,右手放耳边,用力向前投掷的呀!嗯,这真是个好主意,其他小朋友也用昊昊的方法试一试。"

2. 火箭挑战赛

教师："游戏升级了,请大家把火箭发射到这几条绳子外,老师设置了四关,最近的绳子 2 米,后面依次是 4、5、6 米,请小朋友挑战试试看,看你能投到几关?"

教师："哇冬冬小朋友投到最后面的绳子了,其他小朋友也加油哦!"

教师："哇!我们大二班的小朋友可真厉害,接下来我们要玩终极 PK 游戏了,请每组选一名火箭投得最远的小朋友,比比谁投得远,投得最远的小朋友可以获得一枚勋章作为奖励。"

幼儿尝试挑战游戏。

3. 闯关大比拼,循环游太空

教师："瞧,前面是什么呀?有果奶瓶、沙包、纸球,请小朋友自选火箭材料,进行闯关游戏,我们需要绕过小树林、走过平衡桥、钻爬过山洞,来到'火箭发射区',站在投掷线后面,将火箭投向对面远处悬挂的高低不同的套圈和气球上,击中就代表'火箭发射成功',发射成功后,返回起点继续游戏。"

### (三)放松活动,收拾器材,自由结束

教师："我们班的小朋友真厉害,大家累了吧!请小朋友们互相捏捏肩膀,锤锤手臂,放松放松,把器材放在玩具箱里,我们下次活动再见!"

# 第二节　语言领域模拟授课案例

## 小班语言活动《动物宝宝去旅行》

模拟授课视频

### 活动目标：

1. 理解儿歌的内容，知道儿歌中出现了哪些动物宝宝。
2. 尝试学说"××宝宝上火车，咔嚓咔嚓去旅行"并能仿编儿歌。
3. 体验儿歌游戏的乐趣，喜欢参加语言活动。

### 活动准备：

经验准备：幼儿对儿歌中出现的动物已有一定的了解。

物质准备：儿歌中的动物图片挂饰、课件。

### 活动过程：

(一) 声音导入，吸引幼儿参与活动的兴趣

教师："小朋友们，早上好呀！今天老师带来了一首好听又好念的儿歌，它的名字叫作《动物宝宝去旅行》。让我们一起来看看动物宝宝是怎样去旅行的吧！"

教师："哦，有声音，听一听这是什么声音呢。"

(二) 分段熟悉儿歌内容，引导幼儿学习儿歌内容"××宝宝上火车，咔嚓咔嚓去旅行"

1. 学习儿歌"大象爷爷开火车，咔嚓咔嚓去旅行"

教师："原来是火车开来的声音，谁在火车上？"（大象）

教师："大象爷爷在说话呢，我们来听听大象爷爷说了什么。"

教师："大象爷爷在说着'大象爷爷开火车，咔嚓咔嚓去旅行'，让我们一起念一念。"

教师："小朋友们那你们知道旅行是什么意思吗？"（幼儿自由回答）

教师："小朋友们的答案可真丰富呀！旅行就是我们出远门去游玩的意思，大象爷爷开着长长的火车出去旅行，火车发出咔嚓咔嚓的声音。"

2. 学习儿歌"青蛙宝宝上火车，咔嚓咔嚓去旅行"

教师："大象爷爷还请了其他小动物一起去旅行，我们来看看他请了谁。"

教师："是青蛙宝宝，它是怎么说的？"（青蛙宝宝上火车，咔嚓咔嚓去旅行）

（请个别幼儿练习说）

3. 学习儿歌"小兔宝宝上火车，咔嚓咔嚓去旅行"

教师："小朋友，接下来要上火车的小客人，你们猜会是谁呢？老师来告诉你们一个关于这个动物宝宝的小谜语，仔细听哦，'耳朵长长吃蔬菜，蹦蹦跳跳真可爱'。"

教师："对啦，是小兔，小兔宝宝怎么说的？"（小兔宝宝上火车，咔嚓咔嚓去旅行）

（邀请幼儿集体说或个别说）

4. 学习儿歌"小猫宝宝上火车，咔嚓咔嚓去旅行"

教师："还有小动物要来喽！一起来听一听它的叫声，喵——喵——，是小猫，小猫是怎么说的？"（小猫宝宝上火车，咔嚓咔嚓去旅行）

（邀请幼儿集体说）

### （三）完整欣赏儿歌，学习朗诵儿歌

1. 播放完整儿歌

教师："现在我们再来把这首儿歌听一遍，小朋友们可要仔细听哦！"

2. 幼儿学习儿歌

教师："小朋友们，现在你们来念一念吧！"

### （四）引导幼儿对儿歌进行仿编

教师："最后一节车厢是空的，你猜会是哪个小动物要去旅行呢？老师猜是小狗会去旅行，等到火车开到他那里他一定会说'小狗宝宝上火车，咔嚓咔嚓去旅行'。"

教师："小朋友们你们猜还有哪些小动物会去旅行呢，一起来说一说吧！"

### （五）游戏"动物宝宝去旅行"

教师："老师这里有大象爷爷、青蛙宝宝、小兔宝宝和小猫宝宝的头饰，让我们一起来扮演一下他们去旅行的样子吧！"

### 活动延伸：

区域活动：将材料投放在表演区域，引导幼儿到表演区进行扮演。

**附：儿歌《动物宝宝去旅行》**

大象爷爷开火车，咔嚓咔嚓去旅行。

青蛙宝宝上火车，咔嚓咔嚓去旅行。

小兔宝宝上火车，咔嚓咔嚓去旅行。

小猫宝宝上火车，咔嚓咔嚓去旅行。

咔嚓咔嚓咔嚓嚓，动物宝宝去旅行。

# 中班语言活动《爱看电视的小猫》

## 活动目标：

1. 知道根据图片大胆猜测，能清楚地讲述图片中有趣的事情。
2. 学习词汇"四脚朝天"，能够运用句式"一边……一边……"。
3. 积极参加讨论活动，明白长时间看电视的危害。

## 活动准备：

经验准备：幼儿有看电视的生活经验以及对近视眼的形成原因有了解。

物质准备：课件"眼镜猫"及四张小图、四张大幅挂图。

## 活动过程：

### （一）播放课件"眼镜猫"，引出课题

教师："画面上有谁？这是一只怎样的猫？请小朋友猜猜，他为什么要戴眼镜？"

请幼儿根据已有的经验大胆猜想。并说给旁边的小朋友听听。

教师："小朋友猜了那么多，那他到底是一只怎样的猫呢？我们看看下面的图片就知道了。"

### （二）观察多媒体中的小图片，自由讲述

1. 幼儿两两讲述

教师："请小朋友观察图片，看看图片上有谁？发生了哪些有趣的事情？看的时候要一幅一幅按顺序仔细观察，并小声地和旁边的小朋友互相说一说。"

2. 请个别幼儿运用已有的经验连贯地讲述图片内容

教师："谁愿意大声地讲给小朋友听？听的小朋友要听仔细，他说了什么，说得好不好，好在哪。"

3. 集体评价讲述情况

教师根据幼儿的评价梳理连贯讲述的要素，教师："谁来说说，他讲得好在哪里。"

小结："要讲清楚画面中有谁、发生了什么事、结果怎么样，这样才能把故事讲得完整。"

### （三）启发幼儿按顺序细致观察图片，引导幼儿运用恰当的词语进行连贯、生动地讲述

1. 观察图片讲述

教师："要怎么才能把画面中的故事讲得更生动，更好听呢？我们来仔细看看图片吧。"

（观察图一）

教师："图上有谁？在干什么？请小朋友猜一猜，为什么太阳升得老高了，猫先生还没有起床？"

（观察图二）

教师："猫先生这时候在做什么？"（学习句式"一边……一边……"）

教师："结果出了什么差错？为什么会出这样的差错呢？"（请个别幼儿讲述，师幼共同讲述第二幅图意）

（观察图三）

教师："这时候的猫先生又在做什么呢？"（巩固词汇"一边……一边……"）

教师："谁还能用'一边……一边……'的句式来说一说其他事情。"（请幼儿说说可以一边做什么，一边做什么，并把动作表现出来）

教师："请小朋友们猜一猜，接下来会发生什么事？"

（观察图四）

教师："看，发生了什么事？"（证实猜想，丰富词汇"四脚朝天"）

教师："猫先生为什么会摔倒呢？我们一起来学学猫先生'四脚朝天'的样子吧。"（请个别幼儿讲述讲述图片中的内容，并把动作做出来）

2. 组织幼儿讨论

教师："可以从图片中哪些地方看出猫先生是个电视迷？"

小结："看完这四幅图，我们从他很迟起床，起床后一边看电视，一边穿裤子和一边看电视，一边系鞋带中知道这只猫是个电视迷。"

3. 师幼共同连贯讲述（看大图一幅一幅连贯讲述）

4. 引导幼儿帮图片取个名字

5. 引导幼儿讨论并小结

教师："电视迷会带来什么危害？你也有像猫先生一样的毛病吗？我们应该如何合理安排看电视的时间？"

### （四）师幼、幼幼相互交流

1. 游戏"小老师"

提供图片，以游戏"小老师"，组织幼儿分组讲述。

（1）教师向幼儿提出活动要求并巡回指导。

要求：讲故事时要讲得连贯完整，还要学一学猫先生的动作表情。

（2）请个别幼儿当小老师，将图片内容完整地讲述给大家听（每组请一个代表）。

2. 组织幼儿听音乐"快乐星猫"出活动室

### 活动延伸：

1. 请幼儿帮助猫先生合理安排看电视的时间，并将时间安排表清楚地介绍给同伴听，想象猫先生合理安排看电视时间后，会发生什么样的变化。

2. 家园共育：回家和爸爸妈妈分享这个故事以及感想。

# 大班语言活动《小狐狸搬新家》

模拟授课视频

## 活动目标：

1. 理解故事内容，并能根据故事内容分析小动物们没去小狐狸家的原因。
2. 尝试用较完整的语言描述小狐狸的家和自己的家的特征。
3. 愿意在同伴面前大胆表达，体验帮助别人的快乐。

## 活动准备：

知识准备：幼儿对自家的房子的主要特征有一定的了解

物质准备：不同特征的房子图片、PPT、《祝你生日快乐》歌曲

## 活动过程：

### （一）播放《祝你生日快乐》歌曲，谈话导入

教师：小朋友们听到的是什么歌曲？平时你们是怎么过生日的呢？都请谁来参加你们的生日？开不开心呀？

教师：今天有一只小狐狸的生日到了，而且它还搬了新家！它也请了它的好朋友们一起来庆祝。但是，它的好朋友们找啊找啊，找了很久，也没找到小狐狸的家。小狐狸呢，从早上等到中午，从中午等到晚上，等啊等啊，等了好久，好朋友们都没有来。这到底是怎么回事呢？我们一起来听听这个故事，找找原因吧！

### （二）讲述故事，并通过图片帮助幼儿认识小狐狸的家的特征

教师讲述故事至："小兔小兔，明天请到我家来玩，我家的屋顶是红色的。"（同时出示不同特征房子的图片，让幼儿选出红色屋顶的房子）

教师讲述故事至："小狗小狗，明天请到我家来玩，我家的门窗是绿色的。"（同时出示不同特征房子的图片，让幼儿选出红色屋顶、绿色门窗的房子）

教师讲述故事至："小熊小熊，明天请到我家来玩，我家的门前有条河。"（同时出示不同特征房子的图片，让幼儿选出红色屋顶、绿色门窗、门前有条河的房子）

教师讲述故事至："小松鼠小松鼠，明天请到我家来玩，我家的屋后有棵树。"（同时出示不同特征房子的图片，让幼儿选出红色屋顶、绿色门窗、门前有条河、屋后有棵树的房子）

### （三）通过提问题来帮助幼儿梳理故事的主要线索，并分析小动物们没去小狐狸家的原因

教师提问："故事的名字是什么？是谁请客的？它都请了哪些好朋友？"

教师提问："小兔、小狗、小熊、小松鼠为什么没去小狐狸的家？"

教师引导幼儿思考："小兔、小狗、小熊、小松鼠为什么都没找到小狐狸的家呢?"并通过PPT和图片,再次讲述故事内容,验证所找的原因是否正确。

### (四)表演故事,并在故事中帮助小狐狸说清楚他家的特征

教师:"小朋友们,你们想不想帮助那些小动物们找到小狐狸的家呢? 你们希望小狐狸能在它的新家里和它的好朋友们一起庆祝生日吗?"

教师:"那我们就邀请几个小朋友一起来演一演,在演的时候,小狐狸要尽可能说清楚自己家的样子,如果小狐狸没有说清楚,其他小动物就要问清楚小狐狸家的样子哦!"

### (五)引导幼儿用较完整的语言描述自己家的主要特征

教师:"小朋友们想不想邀请你们的小伙伴到自己的家里做客呢? 那就请大家把你家的样子说给你身边的小朋友听一听吧!"

### 活动延伸:

区域活动:在美工区引导幼儿根据故事内容把小狐狸的家画出来,再画画自己的家。

#### 附:故事《小狐狸搬新家》

小狐狸搬进了新房子,真高兴,他请好朋友们来家里玩。

小狐狸对小兔说:"小兔小兔,明天请到我家来玩,我家的屋顶是红色的。"小兔说:"谢谢! 明天我一定去!"

小狐狸对小狗说:"小狗小狗,明天请到我家来玩,我家的门窗是绿色的。"小狗说:"谢谢,明天我一定去!"

小狐狸对小熊说:"小熊小熊,明天请到我家来玩,我家的门前有条河。"小熊说:"谢谢,明天我一定去!"

小狐狸对小松鼠说:"小松鼠小松鼠,明天请到我家来玩,我家的屋后有棵树。"小松鼠说:"谢谢,明天我一定去!"

第二天,小狐狸准备了萝卜、骨头、蛋糕、松果等招待好朋友。可是,从早上等到中午,从中午等到晚上,好朋友们都没有来,小狐狸纳闷了:这是怎么回事呀?

# 第三节　社会领域模拟授课案例

## 小班社会活动《公共场所讲文明》

模拟授课视频

**活动目标：**

1. 在"小猪佩奇逛商场"的情境中了解公共场所的文明行为。

2. 能判断具体行为是否有礼貌，能在成人提醒下做有礼貌的好孩子。

3. 乐于参与社会活动，体验公共场所讲文明的方便与快乐。

**活动准备：**

物质准备：小猪佩奇图片若干、课件（商场文明行为视频、文明和不文明行为图片等）。

经验准备：幼儿已有和父母一起逛商场的经验。

**活动过程：**

### （一）情境导入，激发幼儿活动兴趣

创设"和小猪佩奇逛商场"的情境，引出活动主题。

教师："我们一起和小猪佩奇逛一逛商场吧！"

### （二）迁移经验，了解行为规范

1. 引导幼儿集体讨论，根据已有经验，说一说在商场的文明行为。

教师："在逛商场的时候我们应该怎么做呢？"（牵好大人的手、不乱跑、不吵闹，等等。）

2. 播放视频，拓展经验

帮助幼儿了解更多文明规范，师幼共同小结："不乱丢垃圾，要把垃圾丢入垃圾桶；不在商场追逐打闹；不喧哗，小声交流；要排队上下楼梯，不乱动；有序结账不插队，等等。"

### （三）看图片，判断行为是否有礼貌

出示小猪佩奇逛商场的图片，幼儿判断其行为是否恰当，并说一说应该怎么做，从而进一步了解文明行为。

教师："你们觉得小猪佩奇的行为恰当吗？那我们应该怎么做？"

### （四）情境游戏，巩固礼貌行为习惯

1. 引导幼儿扮演小猪佩奇的好朋友，跟着小猪佩奇一起逛商场，提醒幼儿注意自己的行为。

2. 回忆游戏过程，巩固经验，逐步提升自身文明行为。

### 活动延伸：

家园共育，家长记录幼儿在日常生活中的文明行为，拍照或拍视频打卡上传到班级群。

# 中班社会活动《我是"光盘"小达人》

模拟授课视频

### 活动目标：

1. 知道粮食的生长过程以及食物的来之不易。
2. 了解"光盘"行动的意义，理解农民劳动的辛苦。
3. 逐步养成良好的进餐习惯，争做"光盘"小达人。

### 活动准备：

物质准备：PPT课件、古诗《悯农》动画视频、儿歌《大米饭》视频。
经验准备：幼儿有认识粮食的经验，知道节约粮食的方法。

### 活动过程：

#### （一）播放视频《悯农》动画片导入，引出活动主题

教师："你们在视频里看到了什么？他在做什么？你看了之后有什么感觉？"

#### （二）初步了解粮食生长过程，体会丰收的喜悦

1. 出示农民播种过程图片，引导幼儿观察。

教师："你们看到了什么？"（播种、浇水、锄草、喷洒农药、收割粮食）

教师："农民伯伯擦汗说明了什么？"

2. 出示丰收图片，感受农民丰收的心情。

教师小结："这些是什么？（粮食）农民伯伯的心情如何？你是怎么看出来的？谁能来说说我们吃的米饭是怎么来的？"

教师："是的，粮食来之不易，所以我们要节约粮食。你们看谁来了？农民伯伯还运来了许多粮食，这些粮食是要送给谁的呢？"

#### （三）了解"光盘"行动的意义，提醒幼儿要懂得节约

1. 创设农民伯伯送粮到幼儿园的情境，引导幼儿知道节约粮食的重要性。

场景一：

教师："农民伯伯送粮食到幼儿园，可是为什么农民伯伯不开心？"

教师："图片一，农民伯伯把粮食送进了幼儿园；图片二，农民伯伯怎么了？为什么会唉声叹气？"（出示图片）

提问："你们看这是什么？"

教师："是的，这是你们就餐时，老师拍下来的图片，看到这样的情景，你们的心情怎么样？"

小结："粮食来之不易，我们要懂得珍惜粮食，不浪费粮食。"

场景二：

教师："农民伯伯把粮食送进了自助餐厅，可是农民伯伯为什么还是不开心？"

教师："农民伯伯看到了什么？（出示图片）当你们看到这样的情景，你们想对图片的人说什么？如果你们到自助餐厅吃饭，你们会怎么做？"

小结："在自助餐厅吃饭时要适量取餐，吃多少拿多少，拿多少吃多少。"

场景三：

教师："农民伯伯把粮食又送进了饭店，这一次陈伯伯非常高兴地竖起了大拇指，我们来看一下饭店里的人是怎样做的。"（出示图片）

提问："谁来说说看，饭店里的人是如何做的？"

小结："叔叔阿姨们的这种行为就叫作'光盘'行动，'光盘'行动就是吃饭时要吃光盘子里的东西，不浪费饭菜，吃不完的饭菜要打包带走。以后我们在幼儿园吃饭时，要怎么做呢？"

教师："是的，我们也要做到不浪费粮食，珍惜农民伯伯的劳动成果。"

2. 播放儿歌《大米饭》，轻松自然结束活动。

## 活动延伸：

争做"光盘"小达人，每日光盘打卡。

# 大班社会活动《我长大了》

## 活动目标：

1. 了解自己在不断地长大，知道自己和小时候相比，身体、能力上有哪些变化。
2. 尝试在同伴面前展示自己的本领，力所能及地帮助他人。
3. 愿意与同伴交流，对未来有美好的期盼。

## 活动准备：

熊二动画形象图、幼儿小时候的照片、衣物、鞋、记录表。

### 活动过程：

#### （一）情境导入，引出活动主题

1. 教师用"熊二"情境导入，引出主题，激发幼儿活动兴趣。

教师："你们穿得上熊二带来的小衣服、小鞋子吗？"

2. 引导幼儿自由选择一件衣服试穿，通过小衣服认识到身体的成长。

教师："为什么会穿不上？"

#### （二）找一找，我和以前不一样

1. 小组讨论自己小时候与长大了的变化，从身高、体重等方面说一说。

教师："你和小时候有什么不一样？小时候什么样的？长大了呢？"

2. 教师出示幼儿小时候的照片，幼儿找一找小时候的自己在哪里，根据照片说一说自己小时候的样子。

教师："看了照片之后，你们有没有新的发现？和小时候的自己相比，你有什么变化？"

3. 教师引导幼儿说一说自己掌握了哪些本领，并展示自己的本领。

#### （三）玩一玩，体会长大的变化

教师组织幼儿进行小组合作游戏，体会长大后的变化。在游戏过程中主动帮助别的小朋友，遇到困难时与别的小朋友合作。

教师总结："小朋友们在不断长大，不断进步，我们学会了很多本领，还能帮助别人，以后我们也会认识更多的朋友，学更多的本领！"

## 第四节　科学领域模拟授课案例

### 小班数学活动《水果有几个（1 和许多）》

模拟授课视频

### 活动目标：

1. 认识"1"和"许多"，知道"许多"可以分成 1 个 1 个……，1 个 1 个……合起来是许多。

2. 能用"我摘了 1 个××，我放了 1 个××"说一说自己摘苹果、送水果的过程。

3. 能听懂活动规则，并学习按规则操作材料。

### 活动准备：

物质准备：各种自制的水果树模型，苹果、橘子、梨子模型，篮子。

经验准备：幼儿玩过摘水果游戏，能听懂游戏规则。

### 活动过程：

#### （一）树上水果多多，激发对摘水果活动的兴趣

教师："小朋友们好，你们喜欢吃水果吗？"（喜欢呀！）

教师："你最爱吃的水果是什么？"（苹果、草莓、香蕉、橘子。）

教师："那为什么要多吃水果呢？"（吃水果会变漂亮，吃水果还身体好！）

教师："今天老师给你们带来了三棵水果树，你们认识这些树上的水果吗？（苹果、橘子、梨子）我们来一起摘水果吧！"

#### （二）大家一起摘水果，感知许多可以分成 1 个 1 个……

教师："你们知道这棵树上有多少苹果吗？（树上有许多苹果）我要请小朋友把它摘下来，一边摘一边说，我摘了一个苹果。"（幼儿操作）

教师："现在请你们观察一下，树上的许多苹果都去哪了？"

教师："都在你们手里呀！我们来数一数，许多苹果分成了 1 个 1 个……的苹果"（让幼儿摘梨子和橘子，过程同上）

#### （三）水果水果放进来，感知 1 个 1 个……合起来是许多

教师："刚摘下的水果要洗一洗才更卫生，大家一起把水果放进篮子里吧！放的时候要说'我放了 1 个苹果（梨子/橘子）'。"

教师："现在篮子里有多少水果呢？这些水果是从哪来的？我放了 1 个，他放了 1 个，1 个 1 个……合起来就是许多。"

#### （四）我们一起吃橘子，丰富对 1 和许多的经验

教师："大家一起来品尝好吃的橘子吧！这里有几个橘子？里面有几瓣橘肉呢？有 1 个橘子和许多橘肉。那许多橘肉去哪了呢？哦，许多橘肉一个一个地被你们吃进肚肚里了。"

模拟授课视频

# 中班科学活动《有趣的纸莲花》

### 活动目标：

1. 观察纸莲花在水中的变化，并发现纸能吸水，且不同材质的纸吸水的性能不同。

2. 培养细致的观察力，能大胆猜测、记录并表达自己的想法与观察发现。

3. 喜欢动手，对纸的吸水性产生兴趣。

### 活动准备：

物质准备：不同材质的纸莲花、水盆、水、手揉纸、彩打纸、卡纸、记录单。

### 活动过程：

#### （一）实物导入，激发幼儿兴趣

教师："小朋友们好，今天老师给你们带来了一个漂亮的纸莲花（出示纸莲花）如果把纸莲花花瓣朝上，轻轻放在水里，会发生什么呢？请小朋友们猜一猜。"

教师："哦，你觉得纸莲花会沉下去呀！你觉得纸莲花会开呀！好，请小朋友们仔细看呦！"

教师："纸莲花怎么了？纸莲花慢慢开放了。哇，好神奇呀！纸莲花放在水里慢慢开放了。"

#### （二）幼儿猜想，哪种纸花开得快

教师："瞧，老师这里有三种不同材质的纸花，你们能说出她们的名字吗？"

教师："第一朵是手揉纸做的纸莲花，第二朵是彩打纸做的纸莲花，第三朵是卡纸做的纸莲花。那你们猜猜，这三朵不一样的纸花放水里会怎么样？她们开放的速度一样吗？猜猜看谁开得最快，谁开得最慢？老师给小朋友们准备了记录单（出示记录单），请小朋友用自己的方式记录纸莲花开放的快与慢，如1、2、3或者一个点、两个点、三个点等。请小朋友们说说你们猜测的结果。"

教师："毛毛说他觉得卡纸做的纸莲花开放得最慢，丁丁说手揉纸做的纸莲花开放得最快，你们的猜想都很有趣，接下来我们玩一玩，通过实验来验证一下我们的猜想吧！"

#### （三）实验操作，记录实验结果

1. 请小朋友们把三种纸莲花同时放入水中，观察并记录实验结果。

2. 实验结束，请小朋友们分享实验结果。

教师："从刚才的实验中，我们发现同样是纸莲花，有的开放得快，有的开放得慢，为什么不同材质的纸莲花开放的速度不一样呢？你们桌子上都有一个眼药水瓶，请小朋友将装在眼药水瓶中的清水分别滴一滴到手揉纸、彩打纸、卡纸上，观察纸的吸水性，并与纸莲花开放的结果相对应，寻找原因。"

3. 实验小结：不同材质的纸吸水速度是不同的，谁吸水吸得快，谁就开得快。

#### （四）活动总结

教师："我们身边还有许多各种各样材质的纸，你们还认识哪些呢？（皱纹纸、瓦楞纸、蜡纸、珠光纸、宣纸，等等）它们的吸水性是怎样的呢？老师已经将这些材料放在我们的区域角里了，等活动结束后我们一起去试一试吧。"

# 大班科学活动《神奇的传声筒》

模拟授课视频

## 活动目标：

1. 通过操作，感知空心的传声筒传出的声音清晰、响亮。
2. 尝试改变"传声筒"的长度、形状等，发现仍然可以听到声音。
3. 感受与同伴协作的快乐，增进同伴间的关系。

## 活动准备：

物质准备：伸缩管若干。

经验准备：幼儿玩过纸筒电话，有打电话给亲友的经验。

## 活动过程：

### （一）实物导入，引发探究乐趣

教师："小朋友们好，欢迎来到老师的科学小课堂，你们打过电话吗？给谁打过？都说些什么呢？"

教师："老师这里有根好玩的伸缩管，看看它是什么样子的？像什么？能传递声音吗？如果将管子的一头放在耳边，一头放在嘴边说话，你能听到自己说话的声音吗？请你们各取一根伸缩管去试试。"

### （二）幼儿自由探索，教师巡回指导

教师："小朋友们，刚刚我们玩了伸缩管，你们在管子里听到自己说话的声音了吗？和平时听到的声音一样吗？有什么不一样？"

教师："哦，你们都发现伸缩管的秘密啦！伸缩管可以听到声音，比平时听到的声音更加响亮！"

教师："如果将这根伸缩管拉长还能听到声音吗？声音有什么变化？请小朋友们再进行探究。"

### （三）改变空心管的长度、形状，感知声音的变化

教师："请小朋友们找自己的小伙伴合作，将管子变长或者变弯，试试看声音有没有变化。"

教师："我看到有小朋友把几根管子连在一起做一个新的传声筒，改变了传声筒的长度、形状后，声音有什么变化？"

教师："刚刚你和谁一起玩的？用了几根伸缩管呀？管子的形状有没有变化？听到的声音有什么变化？请你们展示自己的玩法，并说说发现了什么。"

### （四）感知穿过墙体、窗户、门缝的空心管子仍然可以传递声音

教师："长长的、弯弯的管子都能听到好朋友的声音，如果将管子从门缝中、窗户缝中穿过去，中间隔着一堵墙，还能听到声音吗？"、

教师："哦，你们都能听到声音呀！那说明穿过墙体、窗户、门缝的空心管子仍然可以传递声音。"

### （五）教师总结

教师："今天我们小朋友通过各种小实验，发现了很多的奥秘，空心管子可以传出清晰、响亮的声音，当空心管的长度、形状发生变化的时候，还能听到声音。那实心管能传出声音吗？等活动结束我们一起去寻找答案吧。"

## 第五节　艺术领域模拟授课案例

# 小班美术活动《彩条娃娃》

模拟授课视频

**活动目标：**

1. 在感受色彩美的基础上，选用喜欢的颜色作画。
2. 能大胆地使用线条、色彩，进行初步的创造。
3. 乐于参加玩绳活动，体验美术活动的快乐。

**活动准备：**

物质准备：棉绳若干（粗细差别），各色水粉颜料（红、蓝、绿、黄、紫色），调色盆若干，各色皱纹纸（红、蓝、绿、黄、紫色，混合装在大的塑料框里），舒缓、轻柔的音乐。

经验准备：幼儿认识各种颜色。

**活动过程：**

### （一）欢迎彩条娃娃参加舞会

教师："元旦快到啦，大家都穿上了彩色的衣服，准备开舞会啦！快看，谁也来参加舞会了？"（出示红色的彩条娃娃）

教师："这个彩条娃娃穿的是什么颜色的衣服呀？它准备了什么舞蹈来参加舞会？"

教师："那我们一起来学一学。"

### （二）学学彩条娃娃的动作

教师:"彩条娃娃还会有什么动作呢?"

引导幼儿自己创编一些动作,如:扭一扭,转个圈,跳一跳等。幼儿说出一种后,大家可以一起学一学彩条娃娃的动作。

### （三）说说彩条娃娃的颜色

教师:"你希望接下来出场的是什么颜色的彩条娃娃呢?"

### （四）画画我的彩条娃娃

教师:"请你用自己喜欢的颜色设计自己的彩条娃娃。"

### （五）我和彩条娃娃跳个舞

教师:"你的彩条娃娃是什么颜色的? 她在舞会上跳了什么舞?"

教师:"请你和你的彩条娃娃一起跳个舞吧!"(放音乐,师生手拿彩条一起跳舞)

教师:"今天的舞会中彩条娃娃跳得很开心,她们都有点累了,需要休息,那接下来请你们把彩条娃娃送回家吧!"(分类将相同颜色的彩条娃娃收纳在一个盒子里)

## 活动延伸:

美工区:利用绳子等其他工具设计绳子娃娃等。

主题墙:将幼儿设计的彩条娃娃放在主题墙上展示。

# 中班美术活动《小小烟花研发员》

## 活动目标:

1. 通过观察烟花图片,体验"放烟花"的快乐。
2. 学习运用不同颜色的点、线、面组合来表现美丽的烟花。
3. 提高幼儿的合作能力,体验合作的乐趣。

## 活动准备:

物质:图片、油画棒、素描纸、颜料。

经验:幼儿看过放烟花。

## 活动过程:

### （一）谜语导入,引导幼儿兴趣

教师:"今天老师带来了一个谜语,请你来猜一猜它是什么,仔细听好——说它是花不是花,用火点燃它才开,这是什么?"(出示烟花图片)

教师："我们通常是在什么时候放烟花的呢?"(过年、结婚、过生日、搬新家等)

教师："总之我们放烟花都是为了庆祝一些喜庆、高兴的事。"

教师："你看到的烟花是什么样的? 有些什么漂亮的颜色?"(出示烟花照片)

教师："烟花是五颜六色的,先升上天空再散开,有的是一束一束的,有的是扭来扭去的,有的是一闪一闪的,他们有的放得低,有的放得高。"

### (二) 欣赏烟花,并示范作画

教师："老师今天把看到的烟花给画了下来,我们来看看是什么样的。"

教师："看看它是从哪里爆开来的?"

教师："这个烟花是什么形状的,有哪些颜色?"(边讲解边示范画,提示放出的烟花色彩要鲜亮)

出示细线条的烟花图片。

教师："你看老师的这张图片上的烟花细细的,可是今天老师为什么要在画上把它加粗呢? 我们发现加粗以后可以看得更清楚了,特别是晚上黑黑的都看不太清楚,但是我们给它加粗以后就会很明显地看清烟花。那怎么把它画得粗一点呢?"(来回加粗线条)

### (三) 幼儿示范作画

教师："看了这么多美丽的烟花,你们想不想自己把烟花画下来?"

教师："你想在这儿放一朵怎样的烟花? 请你说一说你要画哪种形状的烟花。"(多名幼儿回答,请1～2位幼儿上去添画,提醒幼儿先在中间画一个点,再散开来,提醒幼儿画画时注意将线条描粗)

教师："老师给小朋友准备的画纸上面还有高高的楼房,烟花是绽放在天空中的,我们可以画在上面,那我们看看在这个楼房边上的空地上可以画些什么?"(小孩看烟花、放烟花,提醒幼儿画的时候线条也要加粗)

### (四) 提出要求

教师："下面老师邀请小朋友自己去画了,你可以和你的好朋友一起画,如果你们那一组人已经很多了,就换一组。"(提醒幼儿不要较多的人都挤在一组画)

教师："画好以后请老师帮你刷天空的颜色,我们刚才说的线条要描粗,颜色要用的鲜艳一点,画好后回到座位上,可以把你画的烟花介绍给旁边的小朋友。"

### (五) 幼儿创作

1. 引导幼儿用各种颜色画烟火。

2. 提醒幼儿要保持桌面和画面的整洁。

3. 针对个别幼儿进行指导,鼓励他们用线条和点组合画出不同形状的烟花。

### (六) 展示欣赏

幼儿将作品贴到主题墙上。

## 活动延伸：

主题墙：教师与幼儿共同装饰"烟花"主题墙。

社区活动：家长带幼儿一起看烟花。

# 大班美术活动《可爱的环保标志》

## 活动目标：

1. 参与环保活动，培养从我做起，爱护环境的意识。
2. 通过活动在愉悦的情绪下熟知各种环保标志，锻炼注意力和记忆力。
3. 能够结合自己的想法，学习并用合理的构图表达环保内容。

## 活动准备：

经验准备：生活中观察过环保标志。

物质准备：绘画用具、水彩笔（油画棒）人手一份。

## 活动过程：

### （一）导入环节

教师出示图片，让幼儿欣赏一些常见的环保标志图片，引导幼儿回忆寻找并观察环保标志的相关经验，鼓励幼儿之间互相讨论，激发制作环保标志的兴趣。

教师："小朋友们，你们见过这些标志牌吗？在哪里见过？它们有什么作用？"

教师小结："这些环保标志牌一般都会安装在小区的绿化带，公园或公共环境的草坪绿地，树木的旁边或周围等。用来提醒人们注意保护环境，爱护花草树木。"

### （二）认识常见的环保标志，观察特点

教师出示图片，观察发现环保标志牌的共同点，为制作环保标志牌做准备。

1. 观察树形标志牌。

教师："这些标志牌都是什么形状的？代表了什么意思呢？"

教师小结："这些标志牌都是大树的形状，提醒人们要爱护树木。"

2. 观察花形标志牌。

教师："这些标志牌漂亮吗？它们是什么形状？你觉得它们是在提示人们保护什么呢？"

教师小结："它们都是花朵的形状，提示人们要保护花朵或者爱护花草的。"

3. 观察树叶形标志牌。

教师："这几个标志牌的形状有什么相同的地方？"

教师小结："它们的形状都是叶子状的。"

4. 观察动物外形标志牌。

教师："这几个标志牌的外形是什么动物呢?"

教师小结："蝴蝶、松鼠、大象、兔子、小狗。"

5. 观察特殊外形标志牌。

教师："为什么要用这些形状来制作标志牌呢? 它们代表什么含义呢?"

教师小结："心形代表要爱护和呵护花草树木。小脚丫提示人们不要踩踏花草。雨伞代表给花草树木带来保护。"

### (三) 设计环保标志牌

教师："看了这么多的环保标志牌,你想不想自己设计一个呢? 下面让我们来看看如何设计一个环保标志牌吧!"

1. 第一步,想好自己要设计哪方面的环保标志,确定一个外形。

保护花草的,可以选用花朵外形;也可以选用树叶外形。保护大树的,可以选用大树外形。

除了以上那些外形,还可以选用动物外形、其他外形。或者小朋友也可以自己设计一个。

2. 第二步,把你想表达的意思画在你设计的外形里。

3. 第三步,涂上颜色,一个环保标志牌就设计好了。

### (四) 活动结束

教师："我们一起将设计好的标志贴到娃娃家吧。"

## 活动延伸:

区域活动:请幼儿将完成的标志牌放在周边相应的环境中,展示自己的作品,提示人们爱护环境。

家园共育:在课程结束后,请幼儿回家同家长朋友一起完成居家环境标志牌,并摆放。

# 小班音乐律动《小鱼游游》

## 活动目标:

1. 能用自然的声音来演唱歌曲,并且用简单的动作模仿小鱼。

2. 知道小鱼游的方向是不同的,一会儿上,一会儿下。

3. 愿意与同伴一起做音乐游戏,体会躲避渔网游戏的乐趣。

## 活动准备：

物质准备：PPT、歌曲音乐。

经验准备：幼儿见过小鱼，知道小鱼是在水里游的。

## 活动过程：

### （一）谈话导入，激发幼儿的兴趣

教师："今天天气真好，在河里的小鱼们出来玩游戏了，你们喜不喜欢小鱼啊，那你们用动作告诉我小鱼是什么样子的。"（请幼儿用不同的动作来表现小鱼）

教师："小鱼在池塘里做游戏可高兴了，嘘，小鱼们可要仔细听好哦，有一首儿歌就唱的是小鱼一边唱歌，一边做游戏，你来听听小鱼做了什么游戏，听完以后我要请小朋友来说一说歌里面唱了些什么。"

### （二）学习歌曲《小鱼游》

1. 播放音乐，提问："小鱼都是在河里怎样呢？"

请幼儿说一说刚才小鱼在小河里怎样活动的，还可以怎样游。

2. 引导幼儿用手臂在身体不同部位摆动表现小鱼游。

教师带领幼儿学习手的动作，幼儿跟教师边唱边做动作。尝试行进间做小鱼游动作，也可让幼儿创编自己的动作。小朋友们做鱼宝宝，老师做鱼妈妈，邀请鱼儿和妈妈一起做游戏。教师注意反馈幼儿的动作，指导幼儿有重点地模仿学习。

3. 帮小鱼找朋友

教师播放PPT，出示小鱼图片。

教师："小鱼刚才偷偷告诉我，它想请它的好朋友和大家一起玩，但是需要大家用好看的动作，好听的声音才能召唤出好朋友。"（引导幼儿跟音乐完整演唱歌曲一遍。根据幼儿情况出示小鱼朋友）

4. 听《鱼儿好朋友》，带着"好朋友"一起随音乐做动作。

### （三）游戏：渔网来了

1. 出示图片渔夫，让幼儿知道渔夫是抓小鱼的。教师："小鱼在河里玩得很开心，嘘，看谁来了。"

2. 引导幼儿了解规则。

教师："当音乐响起的时候小鱼在河里开心地游，当音乐停止则代表渔夫来了，小鱼要藏起来或者不动变成石头才能不被发现，否则就会被渔夫抓走。"

3. 幼儿游戏，教师可交换渔夫的位置。

4. 渔夫没有发现鱼宝宝，小鱼们又可以出来做游戏了。

### （四）教师总结，活动结束

教师："今天你们真厉害，帮助小鱼们找到了好朋友，还逃过了渔夫的抓捕，为自己鼓鼓掌吧，小鱼们玩累了，让我们休息一会吧！"

**活动延伸：**

家园共育：回家后和家长一起分享今天的活动，说一说最喜欢活动的哪一个环节。

# 中班音乐活动《三只熊》

**活动目标：**

1. 理解歌词内容，感知节奏特点。
2. 能用自然的、音量适中的声音演唱歌曲。
3. 积极参与音乐活动，体验音乐欣赏过程中的快乐。

**活动准备：**

物质准备：PPT、图谱。
经验准备：幼儿有交朋友的经验。

**活动过程：**

## （一）谈话导入

出示图片（小熊），引起幼儿兴趣。
教师："小朋友们还记不记得昨天我们新交了一位动物朋友，它是谁呢？"
邀请幼儿到小熊家做客。（出示小熊家图片）
教师："小熊为了欢迎我们还准备了一首好听的歌曲，你们想听吗？"

## （二）幼儿倾听音乐，初步理解音乐

教师完整弹唱歌曲，引导幼儿倾听歌词。
教师："小朋友们听到小熊家里有几只熊了吗？"
教师："它们分别是谁？"
教师："它们有什么特征？"
教师引导幼儿思考。
教师再次范唱1～2次（清唱）。
（1）边唱边打拍子，加强幼儿节奏感。
（2）引导幼儿说出三只熊的特征，帮助幼儿理解歌词。

## （三）幼儿根据图谱欣赏、演唱歌曲

根据歌词出示图谱，引导幼儿理解并记忆歌词。
图谱顺序：三只熊—小熊家—熊爸爸（胖胖的）—熊妈妈（很苗条）—熊宝贝（很可爱）—熊宝贝正在长大。

教师根据图谱进行分段式教唱。

教师与幼儿看图谱合唱,并拍手打节拍。

### (四) 结束活动,教师总结

教师组织幼儿集体跟伴奏进行演唱。

对歌曲内容及幼儿表现进行总结与鼓励。

教师:"小熊听到小朋友们美妙的歌声,夸我们是聪明能干的好孩子,那现在让我们一起跟小熊说再见吧!"

## 活动延伸:

阅读区:在阅读区投放《三只小熊》绘本。

家园共育:回家与爸爸妈妈分享今日学唱的歌曲。

# 大班音乐活动《毕业歌》

## 活动目标:

1. 理解歌曲 ABA 的结构,能用欢快、跳跃的方法演唱 A 段,用抒情、舒展的方法演唱 B 段歌曲。

2. 学会用轮唱、齐唱的演唱方式表现歌曲。

3. 感知体验即将毕业的情绪,用歌声抒发毕业前对老师的一片深情。

## 活动准备:

物质准备:歌词图谱、钢琴、幼儿绘画作品。

经验准备:幼儿对毕业有一定的了解。

## 活动过程:

1. 谈话导入:通过谈话活动,让幼儿了解什么是"毕业"。

教师:"小朋友,你们还有不到一个月就要毕业啦,那么即将毕业的你有什么话要说吗?"

教师:"今天老师带来了一首儿歌《毕业歌》,请小朋友们仔细听听这首歌里是怎么描述毕业的。"

欣赏歌曲,感受浓浓毕业情。

教师范唱,引导幼儿分段理解歌词。

(范唱 A 第一遍)

教师:"小朋友们,老师唱完第一段了,你们听到了什么呢?"

(范唱 A 第二遍)

教师:"好,老师唱完啦,你们还听到了什么呢?"

教师:"第一段的图谱就在这里了,可是它的顺序正确吗?"

教师:"嗯,不正确,那正确的顺序是什么呢? 接下来,老师再唱一遍,大家看看正确的顺序是什么?"

(范唱 A 第三遍)

教师:"演唱完毕,谁愿意来给这些图排出正确的顺序呢?"

教师:"那么,接下来,我们一起看着图谱,老师大声地唱,小朋友尝试轻轻地跟唱。"

教师:"非常棒,接下来我们一起听一听第二段。"

(范唱 B 第一遍)

教师:"小朋友们,你们听到这一段都忘不掉什么呀?"

教师:"非常棒,我们的图谱已经出来了,我们一起看着图谱,老师大声地唱,小朋友尝试轻轻地跟唱。"

教师:"接下来是第三段,小朋友们来听一下吧。"

(范唱 A 第一遍)

教师:"小朋友们,这一段你们听到了什么呀?"

教师:"非常棒,我们第三段的图谱也已经出来了,我们一起看着图谱,老师大声地唱,小朋友尝试轻轻地跟唱。"

教师:"接下来我们一起看着图谱完整地唱一遍。"

2. 引导幼儿再次欣赏歌曲,理解《毕业歌》不同乐句表达的各种情绪。

教师:"小朋友们听了这首歌曲,有什么样的感受呢? 哪几段的旋律是一样的? 哪一段又有点不一样呢?"

教师:"那第一段和第三段的旋律给你什么样的感觉?"

教师:"那么第二段是什么样的感觉呢?"

教师:"第二段像波浪一样温柔。第二段是连贯的、轻柔的,很舍不得的感觉。为什么呢? 因为第一段小朋友知道自己要上小学了,很开心;唱到第二段的时候,小朋友想到了上小学就要跟老师、小朋友分开,很舍不得;等唱到第三段,小朋友对以后的学习充满信心,想到日后还可以回幼儿园看望老师,又开心起来。接下来,让我们一起用不同的心情来演唱这首歌曲吧。"

**活动延伸:**

美工区:以毕业为主题进行绘画活动。

# 第六节　综合活动模拟授课案例

## 小班综合活动《趣说鞋子》

### 活动目标：

1. 能够感知不同种类鞋子的不同特征，说出不同鞋子的名称并了解其穿着场合。
2. 能根据鞋子的特征进行简单的配对与分类，并用完整的语言说出分类标准。
3. 感受和同伴一起游戏的乐趣。

### 活动准备：

各种各样的鞋子（皮鞋、雨鞋、高跟鞋、运动鞋、凉鞋、拖鞋）、一个鞋架、一个空箱子。

### 活动过程：

#### （一）导入：猜猜箱子里面是什么

教师以猜一猜游戏进行导入，很"神秘"地拿出一个箱子，箱子上面有一个洞，幼儿的手可以伸进去。教师请幼儿伸手到箱子里面去摸一摸，猜猜里面有什么，激发幼儿对活动的兴趣。

若幼儿说"鞋子"，则教师继续请幼儿说一说"是什么鞋子"。

#### （二）认识不同鞋子

1. 教师打开箱子，展示里面的皮鞋、雨鞋、高跟鞋、运动鞋、凉鞋和拖鞋。每拿一双鞋，就请幼儿说出它的名称，什么时候穿，谁穿，然后将鞋子排列放在桌子上，方便幼儿看到。

2. 出示所有鞋子后，请幼儿上来看一看、摸一摸鞋子。在动手探索的过程中，教师鼓励幼儿说出不同鞋子的特点（材质、颜色、用途、名称等），如"这双鞋子是什么材料做的啊？""这双鞋子一般什么时候穿呢？"

#### （三）整理鞋子，学会简单的分类（配对）

1. 引导幼儿将鞋子一双一双摆放整齐。

教师："你刚才整理的是什么鞋子？它们有什么相同的地方？"

教师小结："两只颜色、样式、材质、大小一样的鞋子，配成一双鞋子。两只一模一样的鞋子我们可以用'对称'来形容。"

2. 引导幼儿根据鞋子的类型整理鞋柜。

教师:"每一层鞋柜是一种鞋子的家,请你把相同类型的鞋子摆放进同一个家。"

教师:"这是什么鞋子的家? ×××鞋子什么时候穿?"

小结:"皮鞋一般是正式场合穿;雨鞋是下雨的时候穿;高跟鞋是妈妈或者老师们穿裙子或者正式场合穿;运动鞋是做运动的时候穿;凉鞋是夏天比较凉爽、平常在楼下游戏的时候穿;拖鞋是在家里或者睡觉的时候、起床上厕所、去海滩的时候穿。"

### (四) 玩游戏:穿小鞋,穿大鞋,让幼儿感受到鞋子合脚的舒适性

1. 第一次播放音乐,让幼儿穿着自己的鞋子跟着音乐做律动,并记住自己的感受。

教师:"小朋友们,现在我们都穿着自己的鞋子开始跳舞吧!"

教师:"好啦,跳完了,大家刚刚跳舞感觉怎么样啊? 是不是很高兴? 老师看到大家都跳得高高的。"

2. 第二次播放音乐,让幼儿选择一双自己喜欢的大鞋换上跟着音乐做律动,并记住自己的感受。

教师:"现在请大家从老师带来的鞋子里面选一双你喜欢的鞋子穿起来,我们再来跟着音乐跳舞吧!"

教师:"这次跳完了感觉怎么样啊?"

幼儿:"穿着大人鞋子跳舞不舒服/跳不高/鞋子老是掉……"

3. 说说穿着自己的鞋和大鞋游戏的不同感觉。

教师:"通过刚刚两次跳舞,大家觉得我们在生活中走路、玩游戏、跳舞的时候应该选择合适自己脚的鞋子还是大人的鞋子呢? 穿不适合自己的鞋子会怎么样呢?"

幼儿:"要选择小朋友的鞋子,不能大也不能小,正好才行。"

小结:大家要穿合适自己的鞋子才会舒服、安全,并且有利于身体健康。

### 延伸活动:

请幼儿回家认一认家人的鞋子,说一说鞋子的名称,谁穿的,什么场合穿,并尝试和家长一起整理鞋柜,给鞋子配对。

## 中班综合活动《妈妈的味道》

### 活动目标:

1. 理解故事《妈妈的味道》大致内容,知道妈妈对宝宝的爱,感受妈妈的爱,加深对妈妈的爱。

2. 根据连续画面提供的信息,大致说出故事的情节,大胆发挥想象,尝试续编故事。

3. 学会固定句式"什么是什么的味道,什么的味道真好",并能进行简单的造句。

## 活动准备：

物质准备：PPT、图片、背景音乐、一段妈妈准备饭菜的视频等。

经验准备：幼儿在之前的美食展活动中已经品尝并讨论了妈妈所做食物的味道。

## 活动过程：

### （一）导入部分：谈话导入，激发兴趣

教师："小朋友们，今早妈妈为你们做了什么好吃的呀？是什么味道的呢？"

教师："嗯，小朋友们都分享了自己早上吃了什么，比如琪琪吃了香香的烧卖，天天吃了咸咸的荷包蛋，乐乐喝了牛奶……有一个小朋友的妈妈，也给他做了一大堆好吃的（出示绘本封面），这些好吃的会是什么味道的呢？让我们一起听听故事《妈妈的味道》。"

### （二）展开部分：听故事，理解故事内容

1. 倾听故事，理解内容。

教师有感情地讲述故事，幼儿初步感受故事内容。注意讲故事的时候要语气生动，一边讲一边翻动绘本，故事内容和图片配合。

故事讲述的过程中，教师基于故事内容进行即时提问："这个故事里面妈妈做了哪些好吃的早饭？""什么是妈妈的味道？"

幼儿回答问题。教师结合幼儿的回答呈现图片，幼儿充分理解故事内容。

2. 再次倾听，尝试学会固定句式"什么是什么的味道，什么的味道真好"。

教师再一次连续地讲一遍故事，然后将其中的"什么是什么的味道，什么的味道真好。"部分单独进行拓展。

教师："（这一页）什么是什么的味道，什么的味道真好？"

幼儿回答，如果幼儿回答的句式不完整，则请幼儿再完整地说一遍，如果幼儿不会，教师进行示范。

3. 结合经验，续编故事。

教师引导幼儿从外形特点、生长环境等方面思考荷包蛋和太阳、木耳和大山等事物间的联系。

教师："为什么故事里面，这个小朋友觉得荷包蛋像太阳？荷包蛋和太阳之间有什么相似？为什么他又觉得木耳和大山很像？"

幼儿结合生活经验，分小组讨论妈妈做过的食物的味道。从生活的点滴中感受妈妈的爱。

教师："你的妈妈给你做的食物有哪些？它们像什么呢？"

幼儿用固定句式续编故事，在故事创编中加深对妈妈的爱。

教师："那么谁能用'什么是什么的味道，什么的味道真好'来说一说妈妈做的午饭

会是什么样子的,是什么味道的?"

### (三)结束部分:直观体验,感受母爱

1. 教师播放一段妈妈买菜、洗菜、烧菜的视频,幼儿观看视频感受妈妈的辛苦。

教师:"请小朋友们看看视频里面的妈妈在干什么?"

教师:"妈妈给我们做好吃的,辛苦不辛苦? 你有没有对妈妈说一声'辛苦了妈妈'?"

2. 教师播放歌曲《我的好妈妈》,幼儿即兴舞蹈,表达对妈妈的爱。

教师:"下面我们来跟着一首好听的音乐跳舞吧,记得把你对妈妈的爱跳出来哦!"

## 活动延伸:

区域活动:语言区《我妈妈》《我妈妈是超人》

家园共育:亲子体育活动《网鱼》。

# 大班综合活动《守时小达人》

## 活动目标:

1. 了解不守时会带来很多麻烦,懂得守时的重要性。

2. 在帮助小虎解决不守时的烦恼过程中学会守时。

3. 逐步养成守时的好习惯。

## 活动准备:

物质准备:《守时达人》课件、动画模拟器、入园打卡表等。

经验准备:幼儿已经熟悉故事《不守时的烦恼》的大致内容。

## 活动过程:

### (一)导入部分:回忆故事,理解守时重要性

通过发散式提问,帮助幼儿回忆故事内容,初步理解守时的重要性。

教师:"小虎有哪些不守时的表现呢,他为什么会有这些烦恼呢?"

### (二)展开部分:帮助小虎学会守时

1. 回忆故事,体会不守时的烦恼。

教师:"故事里的小虎都有哪些不守时的表现呢? 他的一天都遇到了哪些麻烦事? 这是为什么?"

2. 创设情境,帮助小虎学会守时。

(1)教师创设"小虎明天要参加幼儿园组织的春游活动"的情景。

教师:"宝贝们,小虎明天要去春游啦,要是他迟到的话就赶不上大巴车啦!你们有什么办法可以帮助小虎学会守时吗?和身边的小伙伴讨论一下吧!"

(2)幼儿小组讨论小虎春游需要做的准备,例如:睡前定好闹钟、前一晚收拾小书包、提前出门等。

(3)教师结合有声课件将幼儿讨论出来的方法投入动画模拟器中,最终呈现出在小朋友的帮助下小虎准时到达了春游的大巴上的画面。

3. 实践统计,循序渐进学会守时。

教师针对入园迟到这一现象,引导幼儿思考不迟到的好办法。例如:早点出发、前一晚早点睡觉等。教师在班级门口放置入园打卡表,每周五和幼儿共同统计结果,评选出一位本周的守时小达人。

### (三)结束部分:角色游戏《我最守时》

幼儿自选角色,在欢快的音乐声中,进行角色游戏《我最守时》,在愉快的游戏体验中进一步感受守时的重要性,体验守时的快乐,做一个守时的好宝宝。

**活动延伸:**

区域活动:美工区《制作小时钟》,了解时钟的构造。
领域渗透:综合活动《课间十分钟》,促进幼小衔接。

## 第七节　幼儿园游戏活动模拟授课案例

## 大班体育游戏《切西瓜》

模拟授课视频

**活动目标:**

1. 愿意与同伴们一同参加"切西瓜"的游戏,体验在游戏中奔跑、追逐的乐趣。
2. 能够在游戏中遵守游戏规则,学习按一定方向绕着圈快速的奔跑。

**活动准备:**

知识经验准备:幼儿会玩"包剪锤""老鹰捉小鸡"等民间体育游戏。
物质材料准备:音乐。
环境创设准备:幼儿园干净、安全的户外场地。

## 活动过程:

### (一) 开始部分

1. 播放音乐,幼儿和教师一起活动身体。

2. 教师提问,引出游戏游戏。

教师:"小朋友们,你们吃过西瓜吗? 西瓜长得是什么样子啊?"(幼儿自由回答)

### (二) 基本部分

1. 讲解游戏玩法和规则。

教师:"大家手拉手围成一个大圆圈(做'大西瓜')。首先,教师做切瓜人,大家一起和我说'切,切,切西瓜,西瓜西瓜哪里来? 农民伯伯种出来。我把西瓜切开来!'一边说一边做动作。"

教师:"接下来请小朋友观察,儿歌念到哪个字的时候,西瓜会被切开? 这个时候两个拉手的小朋友就要松开手,然后往哪个方向跑?"

教师:"怎么判定输赢? 是先跑到的人还是后跑到的人?"(引导幼儿通过观察,了解游戏的玩法)

2. 教师与幼儿一起总结玩法。

切瓜人要随儿歌节奏切西瓜,当儿歌念到最后一个字"来"的时候,将身边两位小朋友拉着的手切开,然后站在被切开的位置。被切到的两位小朋友则必须立即朝不同方向跑一圈,再回到原先的位置,先到达的小朋友为胜,先到的小朋友就是新的"切瓜人"。

3. 交代注意事项,提醒幼儿注意安全。

教师:"游戏过程中,小朋友们要注意:我们要边念儿歌边切西瓜,在奔跑过程中要注意躲闪、不要撞到其他小朋友,被切到的两位小朋友必须向相反的方向跑。"

4. 开始游戏

(1)先集体玩游戏。

教师:"刚才在游戏的过程中你们发现了什么问题吗?"

通过对游戏进行观察、总结,帮助幼儿再次熟悉游戏规则。

(2)分组玩游戏。

教师:"现在分成 3 个小组,每组 8~10 人,和你的好朋友一起玩切西瓜的游戏。"

游戏后,请个别小组分享自己游戏中的体会、发现或者问题。

(3)生成新玩法:通过仿编儿歌的形式复习巩固游戏。

教师:"除了西瓜可以一切两半,还有什么水果可以这样切?"

引导幼儿把儿歌改成"切,切,切苹果,一个苹果切成俩",还可以依次变换成切梨、切橙子等水果。

### (三) 结束部分

师幼放松总结,教师和幼儿随音乐进行放松活动,评价幼儿在游戏中的表现。

**附：游戏玩法**

全部幼儿手拉手围成一个大圆圈当作"大西瓜"，一位幼儿做"切西瓜"的人，一边念儿歌"切，切，切西瓜，西瓜西瓜哪里来？农民伯伯种出来。我把西瓜切开来"，一边做"切西瓜"的动作，绕着"大西瓜"圆圈外走，念到最后一个"来"字时，将身边两位幼儿园拉着的手切开，然后站在被切开的位置，被切到的两位幼儿必须立即朝不同方向绕圈外跑一圈，先到达原位置者即为下次游戏的"切瓜人"。

# 中班体育游戏《老狼老狼几点了》

模拟授课视频

## 活动目标：

1. 在游戏中能够听指令进行跑跳。
2. 知道在一定范围内追逐跑，同时躲避他人的碰撞。
3. 体验与同伴奔跑追逐游戏的乐趣。

## 活动准备：

故事，狼、羊的头饰，韵律操音乐，红圈和绿圈。

## 活动过程：

### （一）开始部分

教师播放音乐，带领幼儿做关于狼和小羊的韵律操。

### （二）基本部分

1. 讲解游戏规则

老狼和羊在游戏开始之前要待在自己的家里，这里红色的小圆圈是老狼的家，那里绿色的大圆圈是小羊的家，小羊要一边向前走，一边问："老狼老狼几点了？"当老狼回答到 12 点的时候，羊要赶紧跑回自己的家时，那么老狼就不能再抓小羊了。如果很不幸，在游戏的过程中被老狼抓住了，那么这个羊就要跟老狼一起回到狼窝。

2. 示范游戏，熟悉游戏规则

（1）教师戴上老狼的发饰示范玩游戏。

（2）交代注意事项：提醒幼儿注意安全，小羊在逃跑的时候要注意避让。

3. 分配角色，正式开始游戏

教师请一位幼儿扮演老狼，其他幼儿扮演小羊，教师再次提醒幼儿听到 12 点的时候要快点跑回家，在游戏中注意安全，有幼儿被抓住，则询问幼儿原因。并且提醒他下次注意。

4. 增加游戏难度，再次进行游戏

教师讲解新规则：当羊问老狼几点了的时候，老狼不仅可以回答小羊几点了，还可以说天黑了。这个时候小羊要保持不动,动了的小羊也要跟老狼回到狼窝。

### (三)结束部分

表扬小朋友遵守规则的行为,带领小朋友做放松运动。

### 活动延伸:

去图书角看一看《老狼老狼几点了》这个绘本故事。

## 中班手指游戏《握握手》

模拟授课视频

### 活动目标:

1. 喜欢参与游戏活动,体验手指游戏的快乐。
2. 知道不同的口令对应不同的手指游戏动作。
3. 会做手指游戏,能够根据游戏规则快速做出相应动作。

### 活动准备:

物质准备:手指动作示意图。
经验准备:幼儿有做手指游戏的经验。

### 活动过程:

#### (一)儿歌导入,引出主题

教师组织幼儿边唱儿歌《小手拍拍》边做动作,活动幼儿的手指。

#### (二)教师说儿歌,师幼讨论手指动作

1. 教师提问:"一个手指点点点,我们可以怎么做? 两个手指敲敲敲,应该怎么做?"
2. 确定手指动作的具体做法。
一个手指点点点(双手各伸出一个手指点脸蛋),
两个手指敲敲敲(双手各伸出两个手指在自己身上轻轻敲),
三个手指捏捏捏(双手各伸出三个手指在自己身上轻轻捏),
四个手指挠挠挠(双手各伸出四个手指在自己身上挠一挠),
五个手指拍拍拍(双手对拍),五个手指爬山上,叽里咕噜滚下来。

#### (三)教师演示手指游戏,引导幼儿观察和练习

1. 教师出示手指动作示意图,帮助幼儿理解儿歌歌词。
2. 教师边说儿歌口令,边做手指游戏,幼儿观察并学习。
3. 教师带领幼儿一起做边说儿歌口令边做手指游戏。

## （四）教师引导幼儿进行手指游戏创新

1. 教师提问："一个手指点点点，除了可以指点脸蛋，还可以指哪里？两个手指敲敲敲，还可以怎么做？"

2. 幼儿自编完整动作，并进行练习

（五）结束活动，教师带领幼儿一起做边说儿歌口令边做手指游戏的创新玩法

### 活动延伸：

家园共育，引导幼儿回家与父母共同进行手指游戏。

**附：手指游戏《握握手》**

> 一个手指点点点，两个手指敲敲敲，
>
> 三个手指捏捏捏，四个手指挠挠挠，
>
> 五个手指拍拍拍，五个手指爬上山，
>
> 叽里咕噜滚下来。

模拟授课视频

# 中班语言游戏《词语接龙》

## 活动目标：

1. 了解和熟悉一些事物的名称，并能理解游戏规则。
2. 在游戏中能认真倾听他人说话，能理解并执行游戏中的语言规则。
3. 乐意与同伴交谈，体验词语接龙游戏带来的喜悦和成就感。

## 活动准备：

轻松愉快的音乐、逛三园 PPT、其他园里面的物品的图片。

## 活动过程：

### （一）创设游戏情景，引发幼儿兴趣

播放动物园、植物园和水果园的图片，并让幼儿分享园里的物品，引出游戏。

### （二）介绍游戏的玩法和规则

1. 教师声情并茂地介绍游戏玩法：一个幼儿当"导游"，其余幼儿当"游客"。"导游"有节奏地边拍手边说："星期天，逛公园"，"游客"问："什么园"，"导游"选择一种"园"回答，如"水果园"（或蔬菜园、动物园等），"游客"根据"导游"回答的园名，以接龙的形式边拍手边一个一个依次说出园子里面事物的名称，如：苹果、香蕉、李子、草莓等。

2. 后面的人说出的名称必须属于该"园"的类别，"游客"不能重复前面人说过的名称。说错、没有说出、节奏错误的幼儿都算输，输的幼儿当"导游"，游戏重新开始。

（三）开始游戏

1. 先请一个小组的幼儿在教师的带领下，示范游戏玩法。

2. 教师带领全体幼儿进行游戏，鼓励幼儿完整讲述"动物园里有××"的句式。

（四）绘画表征，分享交流

老师提供纸和笔，请幼儿画出自己最喜欢的园并进行分享。

## 活动延伸：

引导幼儿回家和家人一起玩"逛三园"的小游戏。

# 大班角色游戏《娃娃新家》

## 活动目标：

1. 知道建造娃娃家要准备的物品名称和种类。

2. 积极参与小组讨论活动，用完整的语言表达自己的想法，发展表征能力。

3. 喜欢玩娃娃家游戏。

## 活动准备：

家庭照片、笔和纸、厨具、洗澡用品、木制床模型、纸箱若干、卡纸、胶带等。

## 活动过程：

（一）实物导入，引发幼儿的兴趣

教师："圣诞老人送给老师一个娃娃，想让老师帮忙给娃娃搭一个新家。怎么解决这个问题？"

（二）头脑风暴，布置新家

1. 布置房间

教师提问："家里有哪些房间？"（引出卧室、厨房、卫生间、客厅等）

2. 问题："家里都有哪些东西？这些东西可以怎么分类。"（教师根据幼儿的回答，帮助幼儿提升归类，教师也可以出示相应的照片帮助幼儿提升经验）

3. 物品应该如何准备

（1）教师："物品应该如何收集？哪些是幼儿园有的？哪些是幼儿可以自己制作的？哪些是需要老师帮忙的？"

（2）教师和幼儿共同把讨论的结果进行表征记录。

（三）动手操作，现场布置

教师把幼儿分成四组，要求利用教室里的材料进行卧室、厨房、卫生间和客厅的布置,教师巡回指导。

### (四)展示分享,结束活动

教师请四个小组的幼儿分别分享卧室、厨房、卫生间和客厅的布置过程,教师点评。

## 活动延伸:

鼓励幼儿把小组设计的房子画出来,回家讲给爸爸妈妈听。

**附:游戏情境**

一天,几个幼儿带来了自己最心爱的布娃娃,他们想给布娃娃做饭、洗澡,还想给娃娃添置小床睡觉——他们找到老师,请老师帮助他们给布娃娃布置一个新家。

# 中班建构游戏《机器人总动员》

模拟授课视频

## 活动目标:

1. 了解机器人的基本形状特征,如:头、肩膀、手等。

2. 能利用平铺、延长、连接、重叠等建构技巧,能从头到脚的建构机器人,注意颜色搭配。

3. 体验建构机器人的乐趣,能在教师的鼓励下能积极参与建构游戏活动。

## 活动准备:

物质准备:拼插好的机器人若干、足量的乐高积木。

经验准备:知道机器人,幼儿搭建积木的经验。

## 活动过程:

### (一)情境导入,激发幼儿的兴趣

猴子大哥成立了一个机器人公司,可是它觉得公司展览厅里的机器人太少了,想请大家帮忙制造各种各样的机器人。

### (二)观察机器人的外形,认识机器人

1. 引导幼儿观察机器人外形,知道机器人是由头、躯体、四肢组成。

2. 教师提问,请幼儿讨论如何搭建一个机器人,以及它的头,身体,四肢怎样搭建。注意机器人的平衡性、稳定性。

3. 幼儿发现和学习平铺、延长、连接、重叠等建构技巧。

4. 幼儿展开想象:你想创作一个什么样子的机器人?

### (三)提出要求,开始游戏

1. 提出本次游戏的要求

（1）要搭出机器人的主要外形，分小组自由建构。

（2）游戏时要爱护玩具，掉到地上要及时捡起来，不要把别人搭建的机器人碰倒，游戏过程中学会分享。

（3）要正确收放材料。

2. 开始游戏，教师指导

幼儿分小组开始自由建构机器人，教师进行观察和指导。

**（四）欣赏作品，分享交流**

请小猴来看看哪个机器人最漂亮，过程中请幼儿来帮忙回答：你们觉得哪个机器人做得最漂亮？为什么觉得它漂亮？

**（五）评价总结，结束活动**

1. 教师提问：我们今天搭了什么？我们今天学到了哪些搭建小技巧？乐高积木还能搭建什么？

2. 表扬能大胆建构、大胆创造的幼儿。

**活动延伸：**

运用搭建小技巧，去建构区搭建其他模型。

**附：游戏情境**

老师来到建构区看到几个幼儿拿着乐高玩具正在搭建，她观察了一会儿发现班上幼儿对于乐高玩具的搭法只是局限于将乐高玩具一层层地垒高。

课后练习

1. 简述"五大领域"模拟授课稿的基本结构及规范要求。

2. 说出同一个"领域"模拟授课稿在大、中、小班的差异。

3. 在幼儿园"五大领域"中，各选一个主题，分别撰写它们的模拟授课稿并在班级内进行交流评价。

下 篇

微型课

# 第八章
# 幼儿园微型课概述

## 学习目标

1. 了解微型课的意义及特征。
2. 能根据基本要求上好微型课。
3. 熟悉微型课的评价标准。

## 第一节　幼儿园微型课的意义

幼儿园微型课,顾名思义,是比正常课时间长度短、教学容量小、没有幼儿参与的课,是指以经验交流或训练、甄别教师素质和能力为目的,在非常规教学情境下,按照《纲要》《指南》和教材的要求,有计划地实施在教学内容、教学时间等方面进行微缩的教学活动。

微型课属于"经济实用型课",其本质仍然是课,应当具有一节课的基本特质。与常态课不同的是对教学场地、教学设施、教学环境等要求较低,时间短。它是活动过程的再现,是一个没有幼儿实际参与的检验过程,而由评委老师或考官来判断上课老师的教学过程是否能达到预期的教学效果。微型课经常用于教师资格考试、教师招聘、教师职务晋升和课堂评优等考核场合。微型课可以作为一种教学技能的考核。微型课的具体过程其实和常规课堂教学是一样的,也就是幼儿教师在讲台上把教学过程进行展示,期间包括老师问题的提出、课堂活动的安排、师幼合作解决问题等过程都要再现。只不过由于无生授课,老师的这些设计都是在提出问题或安排后,假设幼儿已经完成了,教师只需要将下一个教学环节继续展示下去。由此可以看出,微型课其实就是上一堂完整的课,但没有幼儿的真正参与,教师的活动安排是作为假设来进行的,由下面的评委教师来判断这个问题及活动的可行性。也因为没有幼儿的真正参与,期间幼儿答疑或活动的时间都被节约下来的。

幼儿园微型课时间一般为 8～15 分钟,最多不超过 20 分钟。教学内容集中,一般为某一个知识点或一节课内容的某一个方面;教学形式简单,一般没有幼儿只面对评委授课;在教学性质上具有甄别评估功能。幼儿园微型课现场抽取课题,在规定时间内(一般为 30～60 分钟)现场备课,现场授课。近年来,在教学比赛、教师招聘、教师资格认定、职称评定等众多涉及教师的大型活动中,为了在较短时间内快速而有效地对每一个人的教学能力做出较为公正的评估,通常采用上微型课的方式来评价一个教师是否具备基本的教学素养。

# 第二节　幼儿园微型课的界定

微型课区分于常规课、研究课、观摩课、说课以及微格课:其一,在教学场景上,微型课、说课、微格课一般不在真实课堂上,而常规课、研究课、观摩课是在真实课堂上;其二,在教学主体上,微型课同微格课一样,其中的"师幼"可能是一种角色扮演,如"老师"可能是幼师生扮演,"幼儿"则是其同学扮演,而常规课、研究课、观摩课的教学主体则是真正意义上的教师和幼儿,说课中无幼儿参与;其三,在活动程序上,微型课同常规课、研究课、观摩课类似,与说课及微格课差别较大;其四,在活动时间上,微型课同说课、微格课一样时间比较短(20 分钟左右),而常规课、研究课、观摩课的时间较长(幼儿园小班一般 15 分钟、中班 25 分钟、大班 30 分钟);其五,在活动功能上,其余四课功能相对较单一,而微型课集训练、考查、选拔、研究、交流等多项功能于一体,体现较强的适用性和高效性。其效能的评判可以参照有效课堂教学的基本评判标准来进行。评判中要注意的是微型课中教学主体要扮演"教师""幼儿""研究者"等多种基本角色。因而,相对于其余"四课",对微型课的评价的维度和权重略有差异。

# 第三节　幼儿园微型课的特点

"凤头—猪肚—蛇尾",这是一节精彩微型课的最大特点。通常情况下,微型课具有"规模小,环节齐;目标准,重心明;节奏紧,效率高;理念新,创意好"的特点。

## 一、规模小,环节齐

微型课是完整课的浓缩,规模较小,这是微型课的显著特点。从教学主体来说,上课时,试教幼师生即为"教师",而评委即扮演"幼儿"。从教学内容上来说,一般只安排 1～2 个知识点的讲授,有相对的独立性;从教学时间上来说,要求在 20 分钟左右完成;从教学方法上来说,一般以讲授法为主,适当辅以讨论法、演示法、练习法等方法;从教学过程上来说,强调环节的相对完整性,重点突出引入新课、探究新知、技能训练和总结提升等几个环节。

## 二、目标准,重心明

微型课的上课时间短、内容少,因此不要求"基础知识与基本技能""过程与方法""情感、态度与价值观"教学目标面面俱到,而是要求定位具体、准确,可以细化到某个单一目标,顺利达成;讲课时,把握重心,切中要害,重点知识做到精讲多练,难点知识做到化解突破。

## 三、节奏快,效率高

微型课要求在短时间内达成教学目标,教学环节安排环环相扣,节节相连,承前启后,不拖泥带水,因此,较之完整课而言,教学节奏略微偏快,解决问题更为快捷,效率更高。

## 四、理念新,创意好

微型课的教学设计以及教学实施要体现幼教新理念要求。教法上注意选择和使用的灵活性和适用性;学法上注意引导幼儿的主动性和探索性;手段上注意现代教育技术应用的技术性和实效性;活动上注意师幼互动的自然性和协调性;评价上注意促进幼儿学习的多元性和激励性。此外,微型课在设计和实施上一般还要体现某种鲜明的特色和良好的创意,达到授课者的设计意图。

# 第四节 幼儿园微型课的基本要求

## 一、切题要迅速

由于微型课要求时间短少,切勿在导入环节"绕圈子""摆排场",切入课题要迅速,所以对切入课题的方法大有文章可做。可以设置一个待解决的学科问题引入课题;可以从以前幼儿学习内容的延续知识引入课题;可以从生活现象、实际问题引入课题;也可以开门见山进入课题,或设置一个疑问、悬念等进入课题。切入课题的方法是灵活的,切入课题的途径是多样的,但不管采用哪种方法和途径,都要求切入课题"引人入胜",吸引眼球,力求新颖;更要求与课题的关联紧凑,迅速切题,这是进入课题的一个必须遵循的原则,因为我们要把较多的时间分配到新内容的学习交流上。

## 二、线索要清晰

尽管说所有的课都要求讲授线索的清晰醒目,但在微型课的讲授中,更要求尽可能只有一条线索。在这一条线索上突出重点内容,显露出来的是内容的主干,剪掉的是可有可无的举例、验证等这些侧枝旁叶。为了讲授重点内容,往往需要罗列论据,所以要在较多的论据中进行精选,力求论据的充分、准确,不会引发新的疑问。

### 三、语言要得体

语言的准确简明是教学基本功的一个重要方面,而在微型课中由于时间的限制,语言的准确简明显得更为重要。它并不是语速的快捷,相反,它就如盛夏美丽的涧泉,流淌中有舒缓和激越,表现为抑扬顿挫,口齿清晰,干净利落。尽管这些在于平常的训练,但在备课的过程中,把自己将要讲述的内容结合要说的话语,以及将要采用的表达方式、手势、表情,在自己的头脑中过一遍,其中要注意关键字、关键词的应用,这是很有必要的,其实这也是平时的训练方法。在语言生动,富有感染力的同时,更要求做到准确,逻辑性强,简单明了。

### 四、板书要简约

板书的作用是展示授课人讲述内容的要点,帮助听课人了解所听内容的重点。好的板书犹如一幅精致明丽的山水画。板书不宜太多,太多表现为累赘,会冲淡板书对内容要点的提示作用;板书也不宜太少,太少往往会使板书表达不清。在微型课中,部分板书可以提前准备到纸板上,以挂图的形式在授课的过程中展示在恰当的位置,这样可以节省时间。无论如何,板书要做到精简,且使要点突出,线索清晰为原则,同时以多媒体课件呈现为佳。

### 五、小结要精炼

一节课的小结是必不可少的,它是内容要点的归纳、梳理和强调,目的是使讲授重点进一步突出。好的总结可以对讲授的内容起到提纲挈领的作用,加深幼儿对所学内容的印象,减轻幼儿的记忆负担。好的总结往往在一节优质课中起到画龙点睛的作用,可以使一节课提升到一个新的档次,给人一种舒坦的感觉,使人回味无穷。在微型课的结尾,一定要有小结,用1分钟左右的时间对一节课的教学进行归纳和总结,使微型课的课堂结构趋于完整。微型课的小结,不在于长而在于精,在注重总结内容的同时,更应注重学科思想方法的提炼、升华与拓展。

总而言之,上好一节微型课,需要把握微型课的特点,弄清微型课与说课的区别,加上标准的语音、得体的教态、漂亮的板书、对教材的准确把握、对教法的恰当选用等,就能上好一节微型课。

# 第五节　幼儿园微型课的授课策略

## 一、要处理好"有"与"无"的关系

在微型课的现场没有幼儿，但执教者心中不能没有幼儿。微型课的具体教学过程和常规教学是一样的，即教师在课堂上展示课堂教学的整个流程。教学流程中的"幼儿活动"环节，教师该提问提问，该布置布置，该指导指导，该点拨点拨，该评价评价，这些流程都要一一呈现。只是没有幼儿进行实际操作，执教者只是假定幼儿已经完成，预设幼儿完成的程度和结果。这种预设是否恰当、点拨评价是否到位，要由专家评委做出判断。所以，要做到预设"恰当"、点拨评价"到位"，执教者就要在备课时研究幼儿，设想所对应的幼儿群体的状况，做到"场上无幼儿，心中有幼儿"。

## 二、要处理好"多"与"少"的关系

微型课时间有限，课堂教学内容的容量有限，处理好"多"与"少"的关系，做到恰到好处，尤为重要。内容过多，未免庞杂；内容过少，未免空洞。"庞杂"则显重点不突出，"空洞"则显内涵不丰满。无论常规教学，还是微型课，板书都是必需的。只不过在微型课上"多"与"少"的矛盾尤为突出而已。板书太多，既费时，又显累赘；板书太少，虽省了时间，但也许会造成表意不清，难以取得预期效果。

## 三、要处理好"快"与"慢"的关系

微型课时间短，必须突出重点，不要在细节上过度花费时间。导入的方式、方法、途径、技巧很多，有不少人写过这方面的文章，大家需要可以找来读，需要强调的是，不管用什么方式、何种途径技巧，都要与课堂教学内容紧密关联，并力求做到新颖独到、引人注目。在一节课即将结束的时候，对内容要点来个归纳，是非常必要的，也是不可或缺的。快捷而不拖泥带水的结语在起到提纲挈领、画龙点睛的作用的同时，也会给人以无穷的回味和美好的享受。

# 第六节　幼儿园微型课的评价标准

一节优秀的微型课标准是什么？如何评价？这也是专家、评委们关心和研究的问题。通常可以从以下几个观察点来诊断与评判。

## 一、目标设定恰当

目标不仅是教学的靶向,也是教学的出发点和归宿,同时也是评价课堂教学效果的依据。目标制定应根据《纲要》和《指南》、教材内容、幼儿特点、教师情况以及现场的教学环境而定,目标设定不仅要"明确、具体、简洁",还要注意大小恰当,可测可达。

## 二、导入设计简洁

微型课时长短,因此导入部分要简洁明了,不讲排场、不搞花哨,力求新颖独到、吸引眼球。其中,"密切课题"是基本要求,"新颖独到、引人注目"是获得好评的必要条件。而"激发听课的兴趣,引发探究的欲望,激活创新的动机",能做到其中之一,就是好导语,就是成功的导入。

## 三、过程表演真实

微型课与常态课基本环节相同,也是教师在课堂上展示课堂教学的整个流程。教师该讲的讲,该问的问,该做的做,该导的导,该评的评。所有"过场"都要全部呈现。老师要声情并茂,虚拟与幼儿交流,千万不能对着课件自言自语,行为动作、肢体语言、师幼交流都要像有幼儿一样具体、到位、真实。

## 四、语言表达精准

微型课是"独角戏"、是"话剧",以讲解为主。因此,授课者的讲解水平深受评委的关注。讲解有条理清晰的讲解,有充满激情的讲解,有环环相扣的讲解,有循循善诱的讲解,有启发思维的讲解,有创新拓展的讲解……无论哪一种讲解,都以语言为支撑。因而,语言的锤炼,不仅必要,而且必须。教师语言在要求生动,富有张力与磁性的同时,更应做到准确、简洁,逻辑性强。

## 五、亮点展示突出

微型课时间简短,如果平铺直叙,就显得没有亮点,不容易给评委留下深刻印象。所以,一节微型课一定要有自己独特之处,也就是要有亮点与特色。这个亮点与特色可以是深入浅出的讲解,可以是细致入微的剖析,可以是激情四射的朗诵,可以是精妙完美的课堂结构,也可以是准确生动的教学语言等。

## 六、节奏控制和谐

微型课"麻雀虽小,五脏俱全"。因为时间短,把握教学的节奏就显得尤为重要。执教者要在开始后的1~2分钟,完成导入,切入正题。要适时引出重难点,在恰当的时机呈现亮点。在预设的"问题提问、幼儿活动、幼儿互动、师幼交流"处,有2~3秒钟的停顿,再针对预设的典型错误做简短的点评以推进教学。约在总时间三分之一处要有小高潮(大约在7分钟左右),三分之二处达到高潮(大约在15分钟左右),最后2~3分钟着手结课。

### 七、学情关注细致

在备课的时候,授课者就要备好幼儿,或者设想教材所对应的幼儿现状,幼儿哪部分知识点学习有难度,要特别安排点拨与化解,假设幼儿学习时的错误行为,并及时给予纠正、指导和评价。

### 八、板书呈现精美

微型课也有板书要求,不能因为是微型课就没有板书,板书也是教师教学基本功的重要方面。板书设计要精练、美观、有条理。好的板书是一节课的主要知识脉络,能给听课者一个完整、直观的效果。板书不宜太多,也不宜太少。板书也可以提前准备到纸板或小黑板上,在授课的过程中展示在恰当的位置,这样可以节省时间。

### 九、收尾要求快捷

一节课的结语是必不可少的。在一节课即将结束的时候,对知识要点来个梳理与归纳,是非常必要的,也是不可或缺的。尽管时间紧,最后也一定要对本节微型课的教学内容加以归纳和总结,以求课堂结构趋于完整。微型课的小结,不在于长而在于精,在注重总结学习内容的同时更应注重学科思想方法的归纳与提升以及立德树人等方面正能量的弘扬与彰显。

课后练习

1. 简述微型课的意义及特征。
2. 上好微型课的基本要求有哪些?
3. 说出微型课的评价观察点及其标准。

# 第九章
## 微型课案例

**学习目标**

1. 知道微型课教案的基本结构。
2. 了解"五大领域"微型课教案的异同。
3. 会撰写微型课的教案。

## 第一节　健康领域微型课案例

### 小班健康活动《亮亮的眼睛》

**活动目标：**

1. 了解眼睛的外部特征，知道眼睛的作用和重要性。
2. 在情境游戏中能用眼睛找到物品，学会保护眼睛的方法，不做伤害眼睛的行为。
3. 体验用眼睛玩游戏的乐趣，培养爱眼护眼的习惯。

**活动准备：**

幼儿人手一面镜子、个别幼儿的眼睛照片（有明显特点的）、绿色圆球、保护眼睛方法的视频。

**活动过程：**

(一) 谜语导入，激发幼儿活动兴趣

教师："上边毛，下边毛，中间一颗黑葡萄。大家猜一猜是什么呀？"（谜底：眼睛）

### （二）观察游戏，了解眼睛的外部特征

玩游戏"猜猜他是谁"：看不同幼儿的眼睛照片，猜同伴的姓名。教师出示幼儿的眼睛照片，让幼儿猜一猜是哪一位小朋友。

引导幼儿照一照镜子，观察自己的眼睛，说出眼白、眼球以及眼睫毛的位置。

教师："眼睛在我们脸上的什么位置？你的眼睛是什么样的？"

### （三）情境游戏，了解眼睛的作用和重要性

教师引导幼儿用眼睛找一找绿色圆球。

教师："我带来的玩具是一个绿色的、圆圆的球，可是现在找不到了。大家一起来帮我找找吧！"

引导幼儿观察室内物体的形状、颜色，以及窗外的物体、较远的物体等。

教师："我们脸上的哪个朋友帮助我们找到了玩具呀？（眼睛）如果没有眼睛会怎样？"（找不到好玩的玩具，看不见漂亮的世界……眼睛对我们来说非常重要）

### （四）观看视频，学会保护眼睛的方法

教师通过提问引导幼儿说一说保护眼睛的方法。

教师："眼睛这么重要，我们该怎么保护眼睛呢？"

播放保护眼睛的视频，帮助幼儿学会更多保护眼睛的方法：① 不用脏手揉眼睛；② 多看看绿色植物；③ 看电视时保持距离，时间不宜过长……

### （五）活动结束，教师总结

教师与幼儿共同小结：我们的眼睛真能干，能够看到许多东西，是重要的身体器官，我们要好好爱护眼睛。

### 活动延伸：

学做眼保健操，保护眼睛。


# 第二节 语言领域微型课案例


## 中班语言活动《小熊的尾巴》

微型课视频

### 活动目标：

1. 理解故事内容，欣赏故事，能用语言大胆表达自己的想法。
2. 能够学习并会运用句式"尾巴×一×，尾巴×一×，尾巴×××"。

3. 体会小熊从羡慕别人的尾巴到喜欢自己的尾巴的情感经历。

## 活动准备：

物质准备：PPT、音乐。

经验准备：幼儿对猴子、松鼠的尾巴有一定的了解。

## 活动重难点：

重点：理解故事内容。

难点：学习句式"尾巴×一×，尾巴×一×，尾巴×××"。

## 活动过程：

### （一）通过猜尾巴导入活动，激发幼儿兴趣

教师："小朋友们早上好，我们一起来玩一个猜一猜的游戏。这是谁的尾巴？猴子的尾巴有什么本领？"

教师："松鼠的尾巴有什么本领呢？"

教师："这又是谁的尾巴？这个尾巴又短又小，紧紧地贴在屁股上，会是谁呢？"（原来是小熊）

### （二）观察图片讲述，理解故事前半段

教师："小熊有一条短短的尾巴，做任何事情都很方便，看小熊在做什么？（翻跟斗、倒立、打滚）妈妈夸他做得好。但是小熊还是对它的尾巴不满意，尾巴太小了，什么也做不了。"

教师："小熊看到了谁？狐狸在干什么？（用尾巴扫地）小熊的尾巴会扫地吗？那小朋友们猜一猜小熊会怎么想呢？"（小熊想，要是我也有毛茸茸的大尾巴，就能用尾巴扫地了）

教师："他又看到了小猪，小猪在干什么？小猪的尾巴长什么样？细细卷卷的，小熊会怎么想呢？"（要是我也有细细卷卷的尾巴，就能用尾巴玩拉勾勾的游戏了。）

教师："小熊还看到了谁？他们有怎样的尾巴，可以做什么事情？小熊会怎么想？"（要是我也有大大的有力的尾巴就能用尾巴玩皮球了；要是我也有长长卷卷的尾巴，就能用尾巴拎包了）

教师："小熊刚刚说想有他们那样的尾巴，小朋友们帮小熊想一想要怎么办呢？"

### （三）学习句式："尾巴×一×，尾巴×一×，尾巴×××"，理解故事后半段

教师："小朋友们的办法真多，小熊也想到了一条妙计——做尾巴操，我们一起来听一听。（教师说出小熊的尾巴操：尾巴翘一翘，尾巴伸一伸，尾巴长长长。点击画面：长出狐狸的尾巴）小熊长出了谁的尾巴？"

教师："现在请一个小朋友来和小熊一起做尾巴操。有没有长出尾巴？"（教师补充）

教师："刚刚一个小朋友声音太小了，尾巴没长出来，现在我们一起陪小熊做尾巴

操。"(点击画面:长出松鼠的尾巴)

教师:"瞧,长出了松鼠的尾巴,他还想长出谁的尾巴? 那我们再做尾巴操的时候,声音要更响亮。在我们大家的帮助下,小熊又长出了小蛇和小猪的尾巴。瞧,小熊高兴得怎么样?"(合不拢嘴)

教师:"小熊玩起了他的长尾巴,看它是怎样玩的?"(他一会儿抱抱尾巴,一会儿扭着屁股晃着尾巴走动,一会儿又转着圈跳舞,快活极了)

教师:"可是不久以后,小熊怎么了? 那小熊为什么不开心了呢?"

教师:"看一看,发生了什么事情?"

小结:"原来长尾巴给小熊带来了许多不方便,洗澡不方便,睡觉不方便,走路不方便。小熊真不知道怎么办才好,它开始怀念小尾巴了,小朋友们觉得该怎么办呢?"

教师:"想一想刚才小熊怎么长出尾巴的? 做尾巴操,那做相反的尾巴操,应该可以让尾巴消失,试一试。(尾巴夹一夹,尾巴缩一缩,尾巴小小小)尾巴恢复原样了吗?"

教师:"小熊恢复自己的尾巴后,又可以倒立、翻跟头、打滚了,多开心啊。"

教师:"妈妈看到小熊的尾巴恢复了,说:'多可爱的尾巴啊!'小熊也说:'是啊,我最喜欢我的尾巴了。'小熊最喜欢谁的尾巴?"

教师小结:"小熊还是最喜欢自己的尾巴。"

4. 完整欣赏故事

教师:"所以故事的名字就叫《小熊的尾巴》。"

教师在背景音乐下,完整讲述故事。

5. 活动结束

谈话:小熊最喜欢自己的尾巴,那么你们最喜欢自己身体的什么地方? 为什么?

# 第三节 社会领域微型课案例

## 中班社会活动《解救小羊》

微型课视频

**活动目标:**

1. 知道110、120、119等特殊的电话号码,了解它们的含义。

2. 懂得在紧急情况下拨打特殊电话求助,能较清楚地讲述相关情况,提高安全意识。

3. 在游戏情境中感受现代技术给人们生活带来的便捷,体验和同伴合作游戏的快乐。

### 活动准备：

物质准备：PPT。

经验准备：认识动画片《喜羊羊与灰太狼》中的人物。

### 活动过程：

#### （一）导入，创设情境引起幼儿注意

教师："小朋友们上午好，我们今天来到了羊村做客，看是谁来了？（PPT 展示喜羊羊哭了）。原来小羊被灰太狼抓走了。"

教师提问，引出懒羊羊的纸条。

教师："这可怎么办呀？（幼儿讨论）懒羊羊给我们留了纸条，看看是什么吧！"

教师："哦，原来是三个号码"（慢慢引导幼儿看出是什么）

#### （二）对比，认识特殊号码以及对应的人员

教师提问，引发幼儿思考。

教师："小朋友们，这个号码和爸爸妈妈的号码有什么区别呀？"

教师小结幼儿的想法：① 号码短；② 有的有连续的数字……

#### （三）连一连，我会认

教师："那么我们来看看屏幕上有哪些号码，有没有认识的呀？"

教师："那么我们来听听看看，这些车子发出的声音和人员，都对应着哪个号码。"

教师："小朋友们都很棒，我们连线配对成功了！那么我们拨打电话救出小羊吧！"

#### （四）玩游戏，知道特殊号码的特殊用途

游戏大闯关：

教师："下面难度升级，看看小朋友们能不能闯关成功！"

第一关配对游戏：

运用多媒体设备，幼儿看图分辨图片情况，将图片拖拽到对应的电话号码中。

第二关火眼金睛：

难度增加，混入其他的号码混淆号码（如将号码111、122 放入其中），同上看图让幼儿选出正确的号码。

第三关情景分析：

小朋友分成三组随机抽选一组图片（一张图需要打电话，另一张不需要），幼儿仔细观察讨论图中发生了什么，哪种情况需要拨打特殊电话，并说明理由。

教师小结：

教师："小朋友们都很棒，我们闯关成功啦，知道了特殊号码 110、120、119，还知道了在有人遇到危险时要拨 110，有人晕倒要打 120，着火了要打 119。"

（五）活动结束：

1. 小报绘制活动

教师："我们一起画一个关于特殊号码的海报吧,带到小班的弟弟妹妹那儿,我们一起去宣传一下吧。"

## 活动延伸：

绘本区：投放有关自我保护的绘本。

# 第四节　科学领域微型课案例

## 中班科学活动《奇妙的树叶》

### 活动目标：

1. 通过观察与分析,了解树叶的结构,知道在秋天时有的树叶会变黄,有的不会变。
2. 能描述出不同树叶的特征,根据树叶特征和大树进行配对。
3. 乐于参与科学活动,逐步发展观察力,激发热爱大自然的情感。

### 活动准备：

物质准备：幼儿采集的树叶、树叶标本若干、PPT课件。
经验准备：幼儿已有初步了解不同叶子种类的经验。

### 活动过程：

（一）实物导入,激发幼儿活动兴趣

幼儿分享自己采集的树叶,说一说树叶的名称。
教师："你采集到了什么叶子,叫什么?"

（二）观察树叶,了解树叶的结构和特征

1. 引导幼儿观察每片树叶的不同之处,了解不同树叶的特征。
教师："这些树叶是什么样子的,有什么不同的地方?"（颜色、形状、大小、软硬和边缘不一样）
2. 说一说树叶的相同之处,了解树叶的结构。

教师："这些不同的叶子都有什么相同的地方?"（引导幼儿按照从下往上的顺序进行观察,树叶由叶柄、叶脉和叶肉组成)

### (三) 对比分析,知道常青树和落叶树的特征

1. 通过对比不同季节的树叶标本,发现有的树叶会在秋天变黄。

教师:"看一看树叶有什么变化,哪些树叶没有变化?"

2. 播放视频,知道落叶树和常青树的区别。

教师:"视频中说了什么?"（落叶树的叶子到了秋天会变黄掉落,春天又会长出来;常青树的叶子一年四季都是绿色的)

### (四) 情境游戏,帮助树叶宝宝找妈妈

1. 创设为小树叶找妈妈的情境,引导幼儿玩一玩。

2. 幼儿交流讨论分析方法,根据树叶宝宝的特征和树妈妈进行配对。

教师:"你是用什么方法找到的?"

### (五) 活动结束,总结提升

1. 播放树叶宝宝感谢的音频,引导幼儿体会小树叶对妈妈的喜爱和帮助他人的快乐。

2. 活动结束,教师总结提升:自然界中有许多奇妙的树叶,落叶树在秋天树叶变黄,常青树则是四季常青。

## 活动延伸:

美工区:制作树叶贴画送给妈妈。

# 第五节　艺术领域微型课案例

## 大班美术活动:借形想象画《泡泡乐》

微型课视频

## 活动目标:

1. 通过创作印画,知道什么是泡泡借形想象画。

2. 掌握泡泡印画的方法,能在泡泡留下的痕迹上进行大胆添画并能讲述自己的想象。

3. 感受泡泡印画的神奇和艺术美,体验泡泡印画借形想象的乐趣。

## 活动准备：

物质准备：各种颜色的泡泡液；每人一根吸管、一套吹泡泡工具、彩笔、画纸。

经验准备：幼儿对借形想象画有一定的了解，会吹泡泡。

## 活动过程：

### （一）创设情境，观察思考

创设"泡泡乐园"情境，引导幼儿观察泡泡的特征，激发幼儿探索泡泡的兴趣。

教师："泡泡是什么颜色的？ 泡泡留下的痕迹是什么颜色的？"

小结：泡泡在光线的照射下是五颜六色的，但泡泡本身是无色的，留下的痕迹也是无色的。

讨论并探索如何将泡泡的痕迹变成有色的，感受有色泡泡的艺术美。

教师："如何将泡泡的痕迹变成有色的？"（将泡泡液中加入颜料）

### （二）交流讨论，探索印画方法

引导幼儿讨论探索泡泡印画的方法并请个别幼儿示范两种不同泡泡印画的方法。

教师："泡泡很快就会破掉，怎样才能留住泡泡的痕迹？"

小结：用吸管将有色的泡泡吹到纸上，留下单个或多个泡泡痕迹；将吸管直接插入泡泡液中吹出许多密集的泡泡，用纸扣到泡泡上，将密集的泡泡印到纸上。

### （三）观察变化，想象添画

根据泡泡印迹的大小、颜色、位置及组合成的形状进行想象。

教师："请小朋友仔细观察，刚刚这两位小朋友在纸上留下的泡泡痕迹是什么形状的？ 想象一下它们像什么。"（可变换纸张方向引导幼儿观察，不同方向的泡泡印迹可以想象不同的物体）

请个别幼儿示范借形想象添画，根据自己的想法在泡泡痕迹上进行添画。

小结：泡泡借形想象画就是将泡泡留在纸上的印迹通过大胆想象并进行添画而形成的画作。

### （四）尝试创作，巡回引导

提出创作要求：

第一步，选择自己喜欢的方法将泡泡印到纸上。

第二步，根据泡泡印迹想象一下它像什么，可以转动不同的方向观察想象，并进行添画。

作画注意的问题：（1）吹泡泡的时候要注意卫生，不能把泡泡液吸到嘴巴里，洒到桌子上。（2）如果泡泡的痕迹没干，添画的时候不要太用力将纸划破。

### （五）泡泡展览，展示分享

引导幼儿相互分享展示自己的作品，幼儿相互评价。

教师："来说一说你创作了一幅什么作品,将自己的绘画作品编成一个小故事,大胆讲给同伴听。最喜欢哪幅作品？你在他的作品中看到了什么?"

小结:教师根据幼儿的评价及时表扬、鼓励,肯定幼儿的作品,提升幼儿作画新经验。

### 活动延伸:

科学探索区:探索泡泡的不同颜色。

1. 简述微型课教案的基本结构。
2. 简述微型课教案与说课稿的主要区别。
3. 在幼儿园"五大领域"中,各选择一个主题,撰写出它们的微型课教案。

# 参考文献

1. 方贤忠.如何说课[M].上海:华东师范大学出版社,2008.

2. 刘显国.说课艺术[M].北京:中国林业出版社,2000.

3. 杨九俊.说课、听课与评课[M].北京:教育科学出版社,2004.

4. 朱永飞.师范生说课训练研究[J].高等函授学报(哲学社会科学版),2011(7).

5. 陈耀华.师范生说课技能训练有效策略探讨[J].玉林师范学院学报(哲学社会科学版),2013(3).

6. 潘超.数学微型课及其教学设计[J].内江师范学院学报,2010(2).

7. 宋伟富.如何上好一节微型课[J].新课程(综合版),2012(1).

8. 孟祥增,刘瑞梅,王广新.微课设计与制作的理论与实践[J].远程教育杂志,2014(11).

9. 宋伟富.微型课的十大评价标准[J].新课程(综合版),2013(10).

10. 马英.基于师范生教学技能竞赛的模拟授课策略探析[J].湖北第二师范学院学报,2015(5).

11. 张宏智.体育教师应聘考核面试中模拟授课的教学设计策略[J].湖北科技学院学报,2015(9).

12. 梅纳新.幼儿教师说课技能训练[M].上海:复旦大学出版社,2015.

13. 蔡旺庆.师范生说课训练与指导[M].南京:南京大学出版社,2014.

14. 蔡旺庆.探究式教学的理论、实践与案例[M].南京:南京大学出版社,2015.

15. 蔡旺庆.学前儿童数学教育[M].南京:中央广播电视大学出版社,2016.

16. 刘毓航,蔡旺庆.说课、模拟授课与微型课技能训练与指导[M].南京:中央广播电视大学出版社,2017.